Samuel Moser

Wer alt werden will ...

muss früh damit anfangen

W0271955

Für Eve

Samuel Moser

Wer alt werden will ...

muss früh damit anfangen

Senioren für Christus

idea
Evangelische Nachrichtenagentur

Christliche Verlagsgesellschaft mbH
Kompetent. Profiliert. Engagiert.

Über den Autor:

Samuel Moser (Jhg. 1935) ist seit über fünfzig Jahren mit Eve verheiratet, hat drei Kinder und fünf Enkel. Er war während mehr als 40 Jahren im Dienst der Schweizerischen Zollverwaltung. Der ehemalige Vorsteher der Vereinigung Freier Missionsgemeinden und ehemaliger Präsident des Verbandes der evangelischen Freikirchen und Gemeinden der Schweiz ist heute als Vortragsredner und Prediger unterwegs.

Das Buch gibt überarbeitete Vorträge wieder, die der Autor vor Senioren gehalten hat. Auszüge daraus wurden in *idea Spektrum* publiziert.

Alle Bibelverse sind zitiert nach der Lutherbibel in der Fassung von 1984 Copyright Deutsche Bibelgesellschaft, Stuttgart.

Impressum

idea-Dokumentation 2/2011

Moser, Samuel
Wer alt werden will ...
muss früh damit anfangen

ISBN 978-3-89436-881-4

1. Auflage 2011

© Copyright 2011
Koproduktion:
Christliche Verlagsgesellschaft mbH, Dillenburg
www.cv-dillenburg.de
idea e.V. – Evangelische Nachrichtenagentur, Wetzlar,
www.idea.de
Covergestaltung: Eberhard Platte, 71a.de
Satz: CV-Dillenburg
Druck: CPI Moravia Books, Pohorelice

Printed in Czech Republic

Inhalt

Einführung

Dieses Buch entstand aus Dankbarkeit für ein recht langes, arbeitsreiches, ja privilegiertes Leben. Der Verfasser empfindet es als Geschenk, mit seinen über siebzig Jahren in mancherlei Weise noch aktiv sein zu dürfen. Er zählt sich zu den noch rüstigen Alten und wendet sich an die 50plus-Generation. Diese ist, von Einzelfällen abgesehen, die reichste Generation, die es je gab. Deshalb wurde sie auch schon Generation Gold genannt. Altersarmut ist bei ihr ein kleines Risiko. Sie ist in den guten Jahren wohlhabend geworden. Sie gibt mehr Geld aus als alle Generationen vor ihr. Und das alles bei recht guter Gesundheit und der Aussicht auf ein langes Leben. Auf die Menschen der Generation Gold trifft zu, was ein renommierter Glücksforscher gesagt hat: »Wenn man jung ist, ist man ziemlich glücklich, dann geht es bergab; je älter man wird, desto glücklicher wird man.« Trotzdem möchten die Menschen dieser Generation nicht nur auf der Tribüne sitzen und sich amüsieren, sondern sich weiterhin in der Arena verausgaben – vielleicht in einem etwas gemächlicheren Tempo. Aber wie sieht das praktisch aus?

Wenn man nicht genau weiß, wohin man will, landet man leicht da, wo man gar nicht hin wollte. In diesem Buch geht es um Ziele – Ziele für das dritte Lebensalter. Es ist ja nicht so, dass es plötzlich eine Zäsur gäbe und man dann alt wäre. Mit vierzig, fünfzig beschwert das Alter noch nicht, aber man beginnt darüber nachzudenken. Wir haben eine enorm lange Strecke Alter vor uns. Trotzdem gibt es wenig Ideen, was man mit dieser Zeit anfangen soll. Dennoch hat unser aller Leben ein Ziel, an dem vorbeizutreiben fatal wäre. Dieses Buch möchte eine Handreichung zum Bestimmen oder Justieren der Lebensziele des letzten Lebensdrittels sein.

1. GESICHTER DES ALTWERDENS

»Das Alter ist ein höflich Mann: einmal übers andere klopft es an. Aber nun sagt niemand: Herein! Und vor der Tür will er nicht sein. Da klinkt er auf, tritt ein so schnell, und nun heißt's er sei ein grober Gesell«, lautet eine Notiz Goethes. Irgendwann erwischt es alle. Deshalb kommt es nicht darauf an, wie alt man *ist*, sondern wie man alt *wird*. *Alt* ist nämlich mehrdeutig, je nach dem, ob man von Menschen oder von Sachen spricht. Sachen, die wir als *alt* bezeichnen, haben meistens einen alterslosen Charakter.

Wir reden voller Bewunderung von Gemälden alter Meister. Wir besuchen andächtig alte Kulturstätten und sammeln leidenschaftlich alte Briefmarken. Alte Texte – etwa Dantes Göttliche Komödie oder die Bücher der Bibel – veralten nie, sie müssen höchstens in jeder Generation neu übersetzt werden. Wie lieben wir doch Gebrauchsgegenstände, mit denen wir alt geworden sind. Und wie oft ertappen wir uns dabei, dass wir das Wort *lieben* häufiger mit Sachen in Verbindung bringen als mit Personen! Alte Sachen schenken wohltuende Lebendigkeit; sie vermitteln uns ein Gefühl des Beständigen und die Ahnung, dass die Zunahme an Jahren einen Wert darstellt – und keinen Mangel.

Anders sieht es aus, wenn es um Menschen geht. Das Wort *alt* wurde zu einem Instrument, um zu beleidigen und lächerlich zu machen. Man degradierte *alt* zu Bedeutungen wie: altmodisch, alte Jungfer, alter Junge, alte Hexe, verknöcherter alter Kerl. »Feigherzig und geschwätzig ist das Alter«, heißt es bei *Friedrich von Schiller* (1759-1805) in *Die Braut von Messina.* Die Verknüpfung von *alt* mit einem zweiten Eigenschaftswort verschärfte das Negativbild noch: alt und faul, alt und gerissen, alt und elend, alt und entstellt. Die gängigen Altersstereotypen heißen: vergesslich, schwach, verkalkt, egoistisch, hässlich, faul. Diese Wörter nisten schier unausrottbar in den Köpfen. Sie sind destruktiv und diskriminierend. So verengt sich der Begriff *alt* zu etwas Abgestandenem, Vergangenem, Verbrauchtem und Sterbendem. Wörter bekommen ihre Bedeutung nicht von Wörterbüchern; sie sitzen tief in unseren Köpfen drin.

Um dem Sog der negativen Sicht vom Alter zu entkommen, hilft kein Aufbäumen oder Sichzurwehrsetzen. Besser ist die Vertiefung in das Wesen des Altseins, in jene Qualitäten, die wir bei alten Sachen, alten Bäumen, alten Filmen, altem

Wein oder alten Freunden spüren und beobachten. Meine Frühstückstasse ist randvoll mit Ferienerinnerungen, die mir bei näherer Betrachtung automatisch in den Sinn kommen. Durch ihre Vertrautheit, ihre Nützlichkeit, ihre verflossene Schönheit, ihre Patina, oder einfach weil sie das Wesen des Vergangenen ausstrahlt, ist sie für mich kostbar. So besteht die Rolle der Alten darin, das Altsein einzubringen, die Rolle zu spielen, die die Alten immer gespielt haben: bewahren, vermitteln, die Kraft eines gereiften Charakters vorführen – ein Leben im Sein und Haben und nicht mehr im rastlosen Tun. *Alt* ist die richtige Bezeichnung für Menschen im späteren Leben.

Altsein hat viele Gesichter. *Cicero* (106-43 v.Chr.), römischer Politiker, Schriftsteller und Verfasser einer Schrift über das Alter, verweist auf große staatspolitische und künstlerische Taten von über Achtzigjährigen: »Denn die Greise sind es, die Verstand und Vernunft und Überlegung besitzen, und hätte es keine solchen gegeben, so hätte es überhaupt keine Staaten gegeben.« Also: Alte Männer braucht das Land! Politik war für die römische Oberschicht eine ehrenamtliche, standesgemäße Lebensaufgabe. Senatoren blieben bis zum Lebensende politisch aktiv.

Plutarch (45-125 n.Chr.), ein Grieche im Römerreich, nahm in einem Brief an einen Freund Stellung zur Frage: Soll ein alter Mann in der Politik noch tätig sein? Die Antwort lautete: »Ja, denn der Wechsel vom Rathaus zum Haushalt ist eine unmögliche Sache, da geht ein Mann zugrunde. Und nichts tun ist noch unmöglicher. Tödlich! Die Vorzüge des Alters müssen so reifen, dass der Rückzug im Alter reine Verschwendung wäre.«

Eine Vielzahl von Dichtern und Denkern beschäftigte sich mit dem Alterungsprozess des Menschen. An dieser Stelle sei nur *Johann Wolfgang von Goethe* (1749-1832) zitiert:

> »Man sagt sich oft im Leben, dass man die Vielgeschäftigkeit ... vermeiden, besonders je älter man wird, sich desto weniger in ein neues Geschäft einlassen soll. Aber man hat gut reden, gut sich und andern zu raten. Älterwerden heißt, selbst ein neues Geschäft antreten, alle Verhältnisse verändern sich, und man muss entweder handeln oder ganz aufhören, oder mit Willen und Bewusstsein das neue Rollenfach übernehmen.«

Bei Goethe bedeutet »altern« Anpassung an neue Realitäten, ein neues Geschäft übernehmen und, in modernem Soziologendeutsch: »das neue Rollenfach übernehmen«.

Wenn wir uns biblischen Texten zuwenden, kommen die verschiedenen Gesichter des Altwerdens noch deutlicher ins Blickfeld. *Hiob* bezweifelt in seiner ersten Antwort an seinen Freund Zophar die Auffassung, dass nur die Alten über Weisheit verfügen:

> *»Bei den Großvätern nur soll Weisheit sein und Verstand nur bei den Alten? Bei Gott ist Weisheit und Gewalt, sein ist Rat und Verstand ... Er entzieht die Sprache den Verlässlichen und nimmt weg den Verstand der Alten«* (Hiob 12,12-13.20).

Ein positives Bild des Altwerdens vermittelt uns die biblische Gestalt des alternden *Kaleb* (der Bissige, der Abwehrende). In jungen Jahren war er ein Mann von hervorragendem moralischem und geistigem Mut. Er vertrat die Sache der Minderheit auch dann, als die Steine zu fliegen begannen. Als die Mehrheit seiner Begleiter nach der Spionage im verheißenen Land ihren pessimistischen Bericht abgegeben und damit das Volk mutlos gemacht hatte, zeigt Kaleb Mut: *»Lasst uns hinaufziehen und das Land einnehmen, denn wir können es* *bewältigen«* (4. Mose 13,30). Kaleb verbrachte darauf die vierzig besten Jahre seines Lebens auf einer sinnlosen Wüstenwanderung – hart und bitter, eine langandauernde Beerdigung. Aber Kalebs geistigen Kräfte nahmen nicht ab. Nach der Eroberung des verheißenen Landes ging es um die Landverteilung. Als Kaleb an die Reihe kam, erinnerte er Josua an das, was sie gemeinsam vor 45 Jahren erlebt hatten, und er erbat sich das schwer einnehmbare Hebron. Er sagte: *»Ich bin noch heute so stark, wie ich war am Tag, da mich Mose aussandte. Wie meine Kraft damals war, so ist sie auch jetzt, zu kämpfen und aus- und einzuziehen«* (Josua 14,11). Man bedenke, dies alles mit fünfundachtzig Jahren! Nicht Arterienverkalkung, sondern Angriff und Zielstrebigkeit. Selbst im hohen Alter blieb er kühn. Er wählte die schwierigste Aufgabe von allen: das zerklüftete Bergland mit den furchteinflößenden Enakitern. Kaleb ist der Einzige, von dem berichtet wird, dass er das ihm zugewiesene Gebiet völlig unterwarf und die Feinde restlos vertrieb. Die letzten Jahre waren die besten seines Lebens. Nachzulesen in 2. Mose 13,30; 14,10-24 und Josua 14,11.

Ein ganz anderes Beispiel haben wir in der Gestalt des *Barsillai*. Seine Geschichte ist aufgezeichnet in 2. Samuel, Kapitel 19,32-39. Der israelitische König David war auf der demütigenden Flucht vor seinem leiblichen Sohn Absalom. Nach dessen Tod trauerte David heftig um ihn und war schier untröstlich. Nachdem er sich schließlich zur Rückkehr nach Jerusalem entschlossen hatte, kam ihm Barsillai – ein Gileaditer – entgegen, um ihn über den Jordan zu begleiten und ihn zu versorgen. David war sehr gerührt und bot ihm eine Altersversorgung an seinem Hof in Jerusalem an. Aber Barsillai wollte nicht und dies mit folgender Begründung: *»Ich bin heute achtzig Jahre alt. Wie kann ich noch unterscheiden, was gut und schlecht ist, oder schmecken, was ich esse und trinke, oder hören, was die Sänger und Sängerinnen singen? Warum sollte dein Knecht seinen Herrn, den König, noch beschweren?«* (2. Samuel 19,36). Er bat David, ihn umkehren zu lassen, damit er zu Hause sterben und sich im Grab seiner Eltern bestatten lassen könne. Er bot ihm an seiner Stelle einen andern Mann an. David zeigte Verständnis und akzeptierte den Vorschlag. Nachdem seine Mannschaft den Jordan überschritten hatte, küsste er Barsillai, segnete ihn und ließ ihn heimkehren.

Sowohl Kaleb als auch Barsillai sind wertvolle Bilder des Altwerdens. Hier Kaleb mit fünfundachtzig Jahren in noch ungebrochener Kraft, dort der achtzigjährige Barsillai mit Altersbeschwerden und ersten Todesahnungen. Das zeigt eine große Spannweite des Alterns. Alt ist nicht gleich alt. Altwerden übermittelt sich über Geschichten, die man sich davon erzählt. Altwerden ist und bleibt ein Abenteuer. In jungen Jahren lernten wir vom Löwen, vom Fuchs und vom Adler; mit dem Älterwerden sind es Elefant, Walross und Schildkröte. Das Abenteuer heißt: langsamer treten. Es geht um die Entdeckung der Langsamkeit. Die Pflicht ist zu Ende gekommen; die Kür beginnt.

2. Altwerden gleich nutzlos werden?

Der demographische Doppeltrend fordert uns heraus: Wir werden immer älter, und es werden immer weniger Kinder geboren. Die Lebenserwartung steigt, und die Zahl der Geburten nimmt ab. Die Kinder, die wir für die Gestaltung der Zukunft dringend bräuchten, durften das Licht der Welt nicht erblicken. Es gibt Schätzungen, wonach Deutschland bis zum Jahr 2050 um zwölf bis fünfzehn Millionen Menschen schrumpfen wird. Dabei werden auch Zuwanderungen von jungen Arbeitskräften aus Ländern mit überdurchschnittlich hohen Geburtenraten diese Entwicklung nicht aufhalten können. Die Bevölkerung wird vom Sterben geprägt sein, nicht mehr von der Geburt. Viele Großeltern werden sich wenige Enkelkinder teilen müssen. Zur Bestandserhaltung müssten durchschnittlich 2,1 Kinder pro Frau geboren werden, statt der heute 1,4.

Dazu kommt, dass der Eintritt der Babyboomer in den dritten Lebensabschnitt einen gewaltigen Altersschub auslösen wird. Die erste Welle ist bereits angerollt. Die Boomer revolutionierten die Welt nicht durch Krieg, sondern durch ihr Dasein. »Diese Generation gräbt sich durch die Gesellschaft wie ein Trüffelschwein und verändert die Geschichte jeden Tag, den sie älter wird«, stellte die Anthropologin Helen Fischer fest. Die Boomer haben die Technologien und Finanzmärkte verändert, die Arbeitsplätze und Institutionen revolutioniert, menschliche Beziehungen, sexuelle Rollenbilder und Praktiken umgewandelt sowie die Supermärkte und die Mode- und Autoindustrie transformiert. Sie, die unsere Jugendkultur geschaffen und das Antlitz des ganzen Planeten geprägt haben, gehen nun in Rente. Woanders altern die Boomer auch, aber die Geburtszahlen bleiben konstant hoch. Wir Europäer altern, aber es wachsen immer weniger Junge nach. Ein größeres Beben hat eingesetzt, ausgelöst durch die zu geringen Geburtenzahlen, den durch die Boomer ausgelösten Kulturwandel und nicht zuletzt durch die stetig steigende Lebenserwartung.

Was versteht man unter ...?

- *junge Alte*: letzte Berufsphase (50-64 Jahre)
- *alte Alte*: gesundes Rentenalter und fragiles Rentenalter (65-79 Jahre)
- *Hochbetagte*: umfassende Pflegebedürftigkeit (80 Jahre und darüber)
- *Babyboomer*: die Jahrgänge 1940-65

Die Lebenserwartung in den Industrienationen geht dynamisch aufwärts. Sie liegt für Frauen bei 83 und für Männer bei 77 Jahren. Tendenz steigend. Der Anstieg wird sich in den nächsten Jahren noch beschleunigen. Die Sterblichkeit jenseits des 85. Lebensjahres verlangsamt sich. Die Zahl der über 100-Jährigen nimmt stetig zu. Frage: Nähern wir uns einer Lebenserwartung wie sie in 1. Mose 6,3 vorgegeben ist?

> *»Da sprach der Herr: Mein Geist soll nicht immerdar im Menschen walten, denn auch der Mensch ist Fleisch. Ich will ihm als Lebenszeit geben hundertundzwanzig Jahre.«*

Oder gar der verheißenen neuen Welt, wie sie in Jesaja 65,20 beschrieben wird?

»Es sollen keine Kinder mehr da sein, die nur einige Tage leben, oder Alte, die ihre Jahre nicht erfüllen, sondern als Knabe gilt, wer hundert Jahre alt stirbt, und wer die hundert Jahre nicht erreicht, gilt als verflucht.«

Die Wissenschaftler, die das Altern erforschen, sind in ein noch weitgehend unerkundetes Terrain aufgebrochen. Die mechanistische Auffassung, der menschliche Organismus sei vergleichbar mit einem Auto und komme irgendwann einmal in die Phase der Materialermüdung und Reparaturen, ist ins Wanken geraten und hat der Erkenntnis Platz gemacht, die »Laufzeit« des Menschen könne neu festgelegt werden. Molekularbiologen führen uns an Einzellern, Wirbellosen und Nagetieren vor, wie einfach es ist, das Altern im Labor zu verlangsamen und auch Krankheiten auszubremsen. Was liegt da näher als die Hoffnung, dass es gelingen müsste, auch dem menschlichen Leben gesunde Jahre hinzuzufügen statt Jahre der Gebrechlichkeit und der Krankheit.

Die Aussicht, bei guter Gesundheit ein hohes Alter zu erreichen, ist verlockend, aber wie steht es mit der Leistungsfähigkeit älterer Menschen? Die Unterstellung, dass ein Mensch mit siebzig Jahren nicht mehr in der Lage sein soll intellektuelle oder körperliche Leistungen zu erbringen, gehört zu den schleichenden Rassismen unserer Gesellschaft. Es gibt nur wenige Studien, die belegen, dass Altern zur Verminderung der Arbeitsfähigkeit führt; und wenn, dann können das Wissenskapital und die Erfahrung allfällige körperliche Mängel problemlos ausgleichen. Forscher, die der Frage nachgingen, ob ältere Menschen schlechter, unkonzentrierter, ineffizienter oder unzuverlässiger arbeiten, fanden für diese Behauptung keine Anhaltspunkte. Nachgewiesen ist die nachlassende Memorierfähigkeit von Neuem und Komplexem. Aber wer ein Leben lang Spezialwissen erworben und weiterentwickelt hat, kann bis ins hohe Alter Höchstleistungen erbringen und ist auch weniger von Gedächtnisverlusten betroffen. Soziale Kompetenz oder Kombinationsfähigkeiten verlieren sich kaum.

Der alternde Mensch stirbt zweimal: einmal durch die Vorurteile und Klischees, die über das Altern im Umlauf sind und die ihn aus der Gesellschaft ausstoßen; und zum andern durch den Alterungsprozess selbst, der erst Jahre danach einsetzt und schließlich mit dem Tod endet. Keiner denkt schlechter über alte Leute, als die Alten selbst. Die Alten müssen intensiv an ihrem Eigenbild arbeiten. Falsche Vorstellungen über das Alter bei den Jungen und hässliche Karikaturen im Selbstbewusstsein der Alten vertreiben die Alten ins Exil.

Es ist zu unterscheiden:

- *Lebensspanne:* die natürliche, biologische Begrenzung. Die Bibel spricht von 70-80 oder 120 Jahren.
- *Lebenserwartung:* eine statistische Größe, die aussagt, welches die durchschnittliche Lebensdauer ist. Die Grenze verschiebt sich stetig nach oben.

Es ist höchste Zeit, dass ein Ruck durch unsere Köpfe geht und die Ideen über das Altern sich verändern. Wirklich alt ist man nach heutigen Erkenntnissen erst mit achtzig. Der Germanist *Jacob Grimm* (1785-1863) beschreibt in seiner Schrift *Über das Alter* die menschliche Lebensspanne wie folgt:

> »Unter unseren Vorfahren hergebracht war eine zusagende, progressive Berechnung des Menschenalters, wie sie ein Hausvater den ihn zunächst umgebenden Gegenständen entnehmen konnte: Ein Zaun währt drei Jahre, ein Hund erreicht drei Zaunes Alter, ein Ross drei Hundes Alter, ein Mann drei Rosses Alter; hier stehen wir am Ziel von einundachtzig Jahren.«

Der Psalmist beschreibt die Lebensspanne des Menschen nüchtern:

»Unser Leben währet siebzig Jahre, wenn's hoch kommt, so sind's achtzig Jahre, und was daran köstlich scheint, ist doch nur vergebliche Mühe; denn es fähret schnell dahin, als flögen wir davon« (Psalm 90,10).

Alt sein ist ein Verhältnis zu sich selbst und zum Leben insgesamt. Wer sich mit seinem jeweiligen Lebensalter nicht anfreunden kann, lebt in Zerrissenheit und Entfremdung von sich und seinem Schöpfer. Teilnehmer einer Altersstudie, Frauen und Männer zwischen 70 und 100 Jahren, haben übereinstimmend angegeben, sich um zwölf Jahre jünger zu fühlen und neun Jahre jünger auszusehen als sie in Wirklichkeit sind. Die Altersunterschätzungen nahmen mit dem Alter noch zu. Je älter, desto glücklicher!? Die persönliche Zufriedenheit alter Menschen ist viel höher einzuschätzen, als allgemein angenommen wird. Je älter Menschen sind, desto gesünder fühlen sie sich im Vergleich mit ihren Altersgenossen. Natürlich liegt auch da eine Selbsttäuschung vor, aber offenbar eine, die das Leben leichter macht.

Jugend ist genial und schöpferisch, Alter aber

stumpf und nur noch konsumierend – das ist das Klischee in den Köpfen. Dass dem nicht so ist, zeigt *Michelangelo Buonarrotti* (1475-1564). »Die Welt hat viele Könige, aber nur einen Michelangelo«, so beschreibt man diesen Mann, den manche für den grössten Künstler aller Zeiten halten. Die schöpferische Tätigkeit, die Michelangelo von seinen Jugendjahren bis ins Erwachsenenalter, also das ganze Leben lang, ausgeübt hat, nahm im Greisenalter nicht ab. Bis sechs Tage vor seinem Tod arbeitete er an der *Pietà Rondanini*. Die Skulptur war nicht fertig, als er sie verschenkte. Kunstkenner meinen, mit diesem letzten Werk habe der Künstler seiner innersten Vision Ausdruck geben wollen, die sich von der Renaissance-Ästhetik abwandte und Mut zum Unvollendeten zeigte. Wenige Wochen vor seinem neunzigsten Geburtstag starb er, kurz nachdem er seinen letzten Willen diktiert hatte: Die Seele an Gott, den Körper der Erde und die irdischen Güter an die Erben.

Der niederländische Maler *Rembrandt von Rijn* (1606-1669) schuf erst im Alter sein reifstes Kunstwerk »Die Heimkehr des verlorenen Sohnes«. Der russische Künstler *Marc Chagall* (1887-1985) gestaltete als sein letztes großes Werk die Fenster der Mainzer St. Stephanskirche. Er starb mit 98 Jahren. Der Philologe *Hermann Menge* (1841-1939) begann seine Übersetzung des Alten und Neuen Testaments mit 60 Jahren. *Konrad Adenauer* (1876-1967) wurde mit 73 Deutscher Bundeskanzler und übte dieses anspruchsvolle Amt bis zu seinem 87. Lebensjahr aus.

Durch das Leben und Werk vieler älterer Menschen wird die Behauptung widerlegt, wonach schöpferische und kognitive Fähigkeiten im fortgeschrittenen Alter abnehmen würden. Unser Acker ist die Zeit – bis Gott ruft »Kommt wieder Menschenkinder!« Unsere Mission: In Würde alt werden. Unser Gebet: »Herr, das Werk unserer Hände wollest du fördern.«

»Alt sein ist ein herrlich Ding, wenn man nicht verlernt hat, was Anfangen heißt«, hat der jüdische Philosoph und Theologe *Martin Buber* (1878-1965) gesagt.

3. Alter und Würde

»Wer bin ich, wenn ich niemand mehr bin?« – so fragen manche Leute im Rentenalter. Was ist, wenn man einmal im Mittelpunkt von allem gestanden hat und sich jetzt im Mittelpunkt von nichts mehr befindet? *Better aging – besser altern* heißt nicht niemals altern, sondern würdig altern. Die Würde des Alters findet ihre feste Begründung im fünften Gebot.

> *»Du sollst deinen Vater und deine Mutter ehren, auf dass du lange lebest in dem Lande, das dir der Herr, dein Gott, geben wird«* (2. Mose 20,12).

Da viele der jungen Alten noch einen oder sogar beide Elternteile haben, erstreckt sich dieses Gebot vorwärts und rückwärts. Gehorsam gegenüber dem Gebot zieht Gewinn an Lebensqualität und Lebensquantität nach sich. *»Ehren«* heißt: Die Eltern ernst nehmen, sie schätzen und ihnen den Vorrang geben. Das bedeutet praktisch, ihnen nach unserem Vermögen beistehen, Zeit für sie haben und ihnen Gesellschaft leisten. Was für unser Verhalten den

Eltern gegenüber gilt, gilt auch den Großeltern und den Alten generell gegenüber. Im fünften Gebot wurzelt ebenfalls das nachstehende Wort. In ihm kommt die Würde des Alters wohl am deutlichsten zum Ausdruck:

> *»Vor einem grauen Haupt sollst du aufstehen und die Alten ehren und sollst dich fürchten vor deinem Gott; ich bin der Herr«* (3. Mose 19,32).

Wer den Alten mit Ehrerbietung begegnet, der ehrt Gott. Wer zu den Alten steht, auch dann, wenn nichts Ehrerbietiges mehr an ihnen ist, bringt zum Ausdruck: Ich stehe vor Gott. Paulus rät dem jungen Timotheus: *»Einen Älteren fahre nicht an, sondern ermahne ihn wie einen Vater«* (1. Timotheus 5,1). Durch Gebot hat sich Gott öffentlich dazu bekannt, dass er es mit den Alten hält. Diese Würde sprechen wir uns nicht selbst zu. Sie ist uns vorgegeben, deshalb ist sie unantastbar.

Zugegeben, *Würde* ist ein häufig missbrauchtes Wort. Obschon die Menschenwürde als höchster ethischer Wert gilt, ist in unserer Gesellschaft eine gegenläufige Bewegung festzustellen. Die unbedingte und unantastbare Menschenwürde hat einer bedingten Verhaltens- und Situationswürde Platz machen müssen. Diese wird an die körperliche und geistige Leistungsfähigkeit gebunden. Konkret heißt das: Diskriminierung aus Altersgründen. Das ist eine klare Verletzung der Allgemeinen Erklärung der Menschenrechte. Hier ein paar Beispiele der schleichenden Hinnahme der Geringschätzung des Alters:

- starre Altersgrenzen für Aufgaben in Beruf, Kirche und Gesellschaft
- Vorenthalten von chirurgischen Eingriffen
- Vorenthalten von adäquater Medizin
- Leistungsbegrenzungen der Krankenkassen

Die Diskriminierung setzt dann ein, wenn man von den Älteren und Alten nichts Ernstzunehmendes mehr erwartet. Wenn niemand mehr etwas von einem erwartet, ist man im sozialen Sinn tot.

Die Auswirkungen einer bedingt verstandenen Menschenwürde zeigen sich auch in der äußerst delikaten Grauzone zwischen aktiver und passiver Sterbehilfe. Eine repräsentative Umfrage, durchgeführt vom *Kriminologischen Institut der Universität Zürich*, lässt aufhorchen. Eine Mehrheit der insgesamt 1464 Befragten über 15 Jahre alten Schweizer und Schweizerinnen spricht sich dafür aus, dass die direkte aktive Sterbehilfe gesetzlich erlaubt sein sollte. Konkret denken 68 Prozent der Befragten, dass es rechtlich zulässig sein müsste, wenn ein Arzt einer Krebspatientin, die an unerträglichen Schmerzen leidet, auf Verlangen ein tödliches Medikament spritzt. Wenn sich eine Mehrheit offen gegenüber der direkten aktiven Sterbehilfe zeigt, ist es wenig überraschend, dass auch andere Arten der Sterbehilfe als moralisch und rechtlich zulässig gewertet werden. Starke Mehrheiten sprechen sich dafür aus, dass Suizidbeihilfe durch einen organisierten Sterbehelfer erlaubt sein sollte.

Die Befürworter des selbstbestimmten Sterbens berufen sich auf das an sich unbestrittene Selbstbestimmungsrecht. Für sie ist das menschliche Leben kein unbedingter Wert. Sie vermeiden es tunlichst, eine Güterabwägung zwischen Leben an sich und dem Selbstbestimmungsrecht vorzunehmen. Und was ist mit den Dementen und anderen Urteilsunfähigen? Manchmal wird es unumgänglich sein, dass andere Menschen, Ärzte und Familienangehörige, schwierige Entscheidungen für sie treffen müssen. Dann gilt es herauszufinden, welches der mutmaßliche Wille des oder der Betroffenen sein könnte. Dabei können Patientenverfügungen hilfreiche Dienste leisten. Aber aufgepasst: Ist der vom Gesunden verbriefte Wille zur Selbsttötung noch mit dem Willen des Leidenden identisch?

Das menschliche Leben ist und bleibt das höchste der menschlichen Güter. »Die Würde des Menschen ist unantastbar«, heißt es im deutschen Grundgesetz. Aber auch in den Zehn Geboten steht unmissverständlich: *»Du sollst nicht töten«* (2. Mose 20,13). Das gilt sowohl für das eigene als auch für anderes menschliches Leben. Auch das Leben Schwerstbehinderter und von Geburt an mit einer Anomalie Lebender ist unantastbar. Psalm 139 lehrt uns, dass der Schöpfer uns sah, als wir noch nicht bereitet waren. Unsere Tage wurden in ein Buch geschrieben, als noch keiner da war. Der Allmächtige sieht uns auch dann, wenn unsere Tage zu Ende gehen. Er bestimmt Anfang und Ende.

Respekt und Würde stehen den Alten auch deshalb zu, weil sie näher an den Toren der Ewigkeit stehen als alle andern. Ihr Alter weist über den Horizont unseres Lebens hinaus. Es weist auf jenen hin, der *uralt* ist. Von ihm heißt es in Daniel 7,9.10:

> *»Sein Kleid war weiß wie Schnee und das Haar auf seinem Haupt rein wie Wolle; Feuerflammen waren sein Thron und dessen Räder loderndes Feuer. Von ihm ging aus ein langer feuriger Strahl ... Das Gericht wurde gehalten und Bücher aufgetan.«*

Auf dem Alter liegt das Leuchten der Ewigkeit und mahnt an das Gericht vor dem Feuerthron. Bei

Menschen, die lange mit Gott und mit der Bibel gelebt haben, erkennen wir die Mega-Trends unseres Daseins: die Wiederkunft von Jesus Christus, das große Gericht, Himmel und Hölle, die schöne neue Welt. Menschen, die diesen weiten Horizont haben, strahlen Hoffnung aus. Bei ihnen wird das Große groß und das Kleine klein.

So finden sich in der Bibel eine Reihe von schönen Zusagen für das Alter. Hier eine kleine Auswahl:

»Von Eisen und Erz sei der Riegel deiner Tore; dein Alter sei wie deine Jugend« (5. Mose 33,25).

»Auch bis in eure Alter bin ich derselbe, und ich will euch tragen, bis ihr grau werdet. Ich habe es getan; ich will heben und tragen und erretten« (Jesaja 46,4).

»Und wenn sie auch alt werden, werden sie dennoch blühen, fruchtbar und frisch sein, dass sie verkündigen, wie der Herr es recht macht; er ist mein Fels und kein Unrecht an ihm« (Psalm 92,15-16).

In diesen Worten kommt unmissverständlich Gottes Wertschätzung für die Alten zum Ausdruck. Sie sind Zeugnis seiner unverbrüchlichen Treue zu seinen Geschöpfen. Mit Gott lässt sich besser würdig altern.

4. Alter als Last?

Trotz Gottes Wertschätzung für die Alten dürfen wir uns der Einsicht nicht verschließen, dass Altwerden auch seine dunklen Seiten hat. Nirgendwo in der Literatur gibt es eine treffendere Beschreibung des Altersprozesses als beim Prediger Salomo, im Kapitel 12, Verse 1-5.

»Denk an deinen Schöpfer in deiner Jugend, ehe die bösen Tage kommen und die Jahre sich nahen, da du wirst sagen: ›Sie gefallen mir nicht‹; ehe die Sonne und das Licht, Mond und Sterne finster werden und Wolken wiederkommen nach dem Regen – zur Zeit, wenn die Hüter des Hauses zittern und die Starken sich krümmen und müßig stehen die Müllerinnen, weil es so wenige geworden sind, und wenn finster werden, die durch die Fenster sehen, und wenn die Türen an der Gasse sich schließen, dass die Stimme der Mühle leiser wird, und wenn sie sich hebt, wie wenn ein Vogel singt, und alle Töchter des Gesanges sich neigen; wenn man vor Höhen sich fürchtet und sich ängstigt auf dem Wege,

wenn der Mandelbaum blüht und die Heuschrecke sich belädt und die Kaper aufbricht; denn der Mensch fährt dahin, wo er ewig bleibt, und die Klageleute gehen umher auf der Gasse.«

Der Prediger richtet sich in freundlichen Worten an die Jugend. Er wählt für die Darstellung des Alterns die Form des Gleichnisses, wie Bilder eines Fotoalbums, das in die Zukunft weist. Im Sinne der Altersprophylaxe erinnert er daran, dass jedem Menschen schlimme Tage bevorstehen, von denen er sagen wird: *»Sie gefallen mir nicht.«*

Die Deutung der einzelnen Bilder des Gleichnisses ist etwas schwierig. Ich folge nachstehend im Wesentlichen einer Auslegung des Berner Pfarrers Walter Lüthi. Das Alter ist die Zeit, in der das Licht abnimmt – physisch und psychisch. In jungen Jahren tröstet man sich in trüben Tagen etwa damit, dass »nach dem Regen die Sonne scheint«; aber im Alter stimmt das meist nicht mehr, da folgt auf den Regen immer und immer wieder Regen. Die Tage sind mühsam, die Nächte lang. Schwermut und Depression stellen sich ein. Das meint der Prediger wohl mit den Worten: *»Denk an deinen Schöpfer in deiner Jugend, ehe die Sonne und das Licht, Mond und Sterne finster werden und Wolken wieder kommen nach dem Regen«* (Prediger 12,1-2).

Dann folgt die Beschreibung des Altwerdens der einzelnen Organe. *»Wenn die Hüter des Hauses zittern«* – damit sind Arme und Hände gemeint. Sie, die Verteidiger des Hauses, werden zittrig. Die Handschrift wird unsicher. Das Einfädeln will auch nicht mehr recht gelingen. *»Und die Starken sich krümmen«* – das sind die Beine, sie werden im Alter krumm. »Die Untertanen wollen nicht mehr gehorchen«, sagt der Volksmund. *»Und die Müllerinnen stehen müßig, weil ihrer so wenig geworden sind«* – gemeint sind die Zähne, die ihren Dienst versagen oder ausfallen. *»Wenn finster werden, die durch die Fenster sehen«* – da denkt man unwillkürlich an *Gottfried Kellers* Vers »Augen, meine lieben Fensterlein, lasset freundlich Bild um Bild herein, einmal werdet ihr verdunkelt sein«. Wenn der Ruf die Wohnung erfüllt: »Wo ist meine Brille? Wo sind meine Autoschlüssel?«, dann ist das ein untrügliches Alterszeichen. *»Wenn die Türen an der Gasse sich schließen«* – das erinnert an das abnehmende Gehör. Schlimm, wenn man im Kreise der Lieben sitzt und nicht mehr versteht, warum gelacht wird! *»Die Stimme der Mühle wird leiser«* – das ist die Sprache, wenn das Reden mühsam wird. *»Wenn man erwacht, wenn der Vogel singt«* – man geht mit den Hühnern ins Bett und erwacht beim Gesang der Vögel – senile Bettflucht! Der Schweizer Pfarrer

Walter Lüthi erzählte, es habe ihm in seiner Kindheit ein alter Knecht auf die Frage, warum die alte Stute sich nicht mehr niederlege, während das Fohlen, wenn man morgens in den Stall komme, des Öfteren noch liege, gehässig geantwortet: »Warte nur, bis es dir einst auf die Kappe geschneit hat, dann wirst du nicht mehr so dumm fragen, warum die jungen Pferde schlafen und die alten stehen bleiben!«

»Die Töchter des Gesangs«, das sind die Lieder. Entweder kann man nicht mehr mitsingen oder man hört nicht mehr, wenn die andern singen. *»Wenn man vor Höhen sich fürchtet«* – man spürt's zuerst beim Treppensteigen, geschweige denn in den Bergen, wenn die Puste ausgeht. *»Sich ängstigt auf dem Wege«* – man wird schwerfällig und umständlich, die geringste räumliche Veränderung kann einen aus der Fassung bringen. Darum steht man schon eine halbe Stunde vor der Abfahrt auf dem Bahnsteig. Der *»blühende Mandelbaum«* ist ein Hinweis auf das Silber im Haar. Die *»beladene Heuschrecke«* ist eine Anspielung auf den steckigen und steifen Gang des Alters. Die *»Kaper, die aufbricht«* – eine ältere Übersetzung lautet: »Wenn die Lust vergeht«, wenn der Appetit nachlässt, das Essen nach nichts mehr schmeckt und die sexuelle Energie nachlässt. Der Kaper wird stimulierende Wirkung zugeschrieben.

Warum wendet sich der Prediger mit diesen eindrücklichen Bildworten an die Jugend? Ist an den Alten wohl »Hopfen und Malz« verloren? Sicher geht es darum, der Jugend, und damit auch den jungen Alten, vor Augen zu führen, dass unser Leben ein Ziel hat. Der Prediger sagt nicht *memento mori* – Gedenke des Todes!, sondern *memento creatoris* – Denke an deinen Schöpfer! Die Preisgabe der Alten hätte die Bibel gegen sich. Abraham war ein Greis von fünfundsiebzig Jahren, als er von Gott den Befehl erhielt, sein Vaterland zu verlassen, und er starb erst mit hundertfünfundsiebzig Jahren *»alt und lebenssatt«*. Mose war hundertundzwanzig Jahre alt, als er starb. Seine Augen waren nicht dunkel geworden und seine Kraft war nicht verfallen. Das greise Ehepaar Zacharias und Elisabeth wurde ausersehen, Eltern des Täufers Johannes zu werden. Der hochbetagte Simeon und die alte Hanna waren Zeugen der Darstellung von Jesus im Tempel. Dem jungen Petrus sagte Jesus: *»Da du jung warst, gürtetest du dich selbst«* (Johannes 21,18). Dem alternden Mann sagte er aber voraus: *»Wenn du aber alt wirst, wird ein anderer dich gürten.«* In Psalm 37,5 heißt es: *»Ich bin jung gewesen und alt geworden und habe noch nie den Gerechten verlassen gesehen und seine Kinder nach Brot betteln.«*

Niemand kann voraussagen, wie er sich verhalten wird, wenn die *»bösen Tage«* kommen. Die Lasten des dritten Lebensalters haben viele Gesichter. Dazu gehören:

- Krankheit, Unfälle, Altersbeschwerden
- Kümmern um die alten Eltern
- Verlust des Ehepartners
- Eheschwierigkeiten der Kinder
- Erziehungsprobleme bei den Enkeln
- Verlust von Freunden

Leid bringt uns entweder von Gott weg oder treibt uns näher zu ihm hin. Not lehrt nicht nur beten, sondern leider auch fluchen. Aber diese einschneidenden Ereignisse haben ihre Bedeutung. Gott lässt sie zu. Es geht um unsere Bewährung im Glauben. Entscheidung ist gefordert. Wir können uns im Leid den Kopf zermartern und fragen: Warum gerade ich? Oder wir können sagen: Das steht unter Gottes Zulassung. In der Art und Weise, wie wir mit Not und Leid umgehen, sind wir für andere Vorbild – positiv oder negativ! Deshalb geht es darum, uns rechtzeitig auf die *»bösen Tage«* vorzubereiten und zu lernen, immer mehr auf Gottes Güte und Fürsorge zu vertrauen. In dieser Hinsicht ist uns der alttestamentliche Hiob eine große Hilfe. Sagte er doch, nachdem ihm zehn Kinder samt Hab und Gut entrissen worden waren: *»›Ich bin nackt von meiner Mutter Leibe gekommen, nackt werde ich wieder dahinfahren. Der Herr hat's gegeben, der Herr hat's genommen, der Name des Herrn sei gelobt.‹ In diesem allem sündigte Hiob nicht und tat nichts Törichtes wider Gott«* (Hiob 1,21-22). Und als seine Frau ihn aufforderte, Gott abzusagen und zu sterben, sagte er: *»Haben wir Gutes empfangen von Gott und sollten das Böse nicht auch annehmen?«* (Hiob 2,10).

Als *John Wesley* (1703-1791), der Begründer der Methodistenkirche ein alter Mann war, stellte man ihm das Zeugnis einer strahlenden Persönlichkeit aus: »Wo immer er hinging, verbreitete er etwas von seinem Glücklichsein. Wenn man ihn sah, erschien das Altern schön, wie ein Abend ohne Wolken. Man konnte ihn einfach nicht beobachten, ohne dabei zu wünschen: Möchten meine letzten Tage wie seine sein!« Wahrhaftig, Gott hält sich zu den Alten. Wenn wir seine Sache zu der unsrigen machen, dann nimmt er sich auch unserer Anliegen an. Auf ihn ist Verlass. Lebensqualität hängt nicht vom körperlichen Zustand ab, auch nicht von den Umständen, in denen wir leben, sondern allein von unserer Gottesbeziehung.

5. Wer alt werden will, muss früh damit anfangen

Der Abschied aus dem Berufsleben vollzieht sich für viele Männer und Frauen meist in Etappen. Zunächst spielt man mit dem Gedanken, in Rente zu gehen, ja vielfach sogar eines vorgezogenen Ruhestandes. Dann kommen die Fragen und Erkundungen:

- Wann will ich gehen? Will ich vorzeitig gehen? Wirklich?
- Wie steht es mit meiner Nachfolge? Geht mich das überhaupt etwas an? Ist das nicht vielmehr die Aufgabe meines Arbeitgebers?
- Welche finanziellen Folgen hat mein Ruhestand? Mit welchen Einbußen und Einschränkungen muss ich rechnen?
- Wie muss ich meinen Abgang inszenieren? Wer ist zu informieren über meine Absichten? Welche Formalitäten sind einzuhalten?
- Und schließlich die wichtigsten Fragen: Was mache ich danach? Was muss ich unternehmen, um nicht in ein schwarzes Loch zu fallen? Wel-

cher sinnvollen Beschäftigung will ich nachgehen? Womit fülle ich die neue Freiheit?

Unser Leben gleicht einem Eishockeyspiel. Das erste Drittel besteht aus der mehr oder weniger unbeschwerten Kinder- und Jugendzeit. Das zweite Drittel – das Erwachsenenalter – ist geprägt von der Verantwortung für Beruf und Familie. Aber das Spiel geht erst im letzten Drittel zu Ende; erst wenn der Schlusspfiff erfolgt, ist das Spiel gewonnen oder verloren.

Der Eintritt in die Rente ist ein einschneidendes Ereignis im Leben eines Menschen und seiner nächsten Angehörigen. Wir hängen an unserer Arbeit, sie garantiert Sinn, Aufgaben und Einkommen. Ja, für manche ist der Beruf das Rückgrat ihres Lebens. Natürlich wird das Ende der beruflichen Laufbahn unterschiedlich erwartet und erlebt. Wer bis zum Ende an seinem Beruf Freude hatte, tut sich schwerer, als derjenige, der mehr und mehr Mühe empfand, seinen Berufspflichten nachzukommen. *Heinz-Horst Deichmann*, Senior-Chef des gleichnamigen Schuhimperiums äußerte sich anlässlich seines 60. Geburtstages in einem »Stern«-Interview wie folgt: »Wenn man Jahrzehnte lang fast jeden Schuh selbst eingekauft hat, fällt es sicher nicht leicht zu glauben, andere könnten das genau so gut.« Wer heute in den Ruhestand geht, ist keineswegs lebensmüde, er möchte wohl vielleicht etwas kürzer treten, aber durchaus weiterhin ein nützliches Glied der Gemeinschaft sein.

Die Vorbereitung auf die dritte Lebenszeit beginnt im zweiten Drittel. Sie besteht im Aufbau einer zweiten, parallel verlaufenden Lebensaufgabe (s. Grafik). Wer alt werden will, muss früh damit anfangen. Die beiden Kurven sollen verdeutlichen, was gemeint ist.

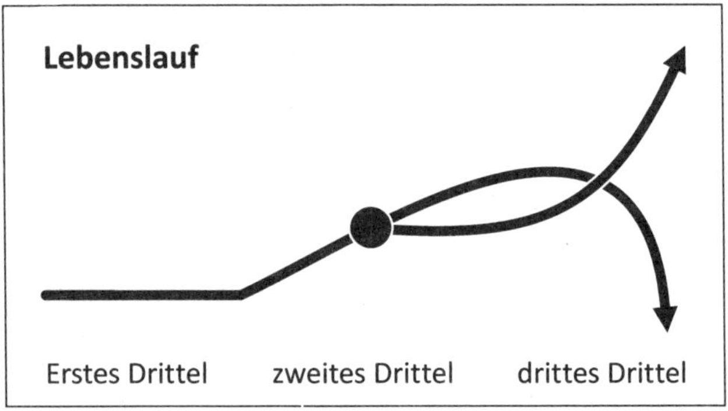

Die neue Kurve muss beginnen, bevor die erste zu Ende geht. Zum Geheimnis gehört, es zum richtigen Zeitpunkt zu tun. Viele Menschen warten lieber, bis das, was sie gerade tun, abgeschlossen ist. Manchmal mit gutem Grund, denn mit Familie und Beruf sind sie oft bis zur Belastungsgrenze gefordert. Aber damit weichen sie einer Entscheidung aus, die für ihre Zukunft von größter Bedeutung sein könnte. Wenn sie dann ihre erste Aufgabe endlich mit der Pensionierung zu Ende gebracht haben, ist es meistens zu spät, sie sind zu müde, um noch etwas Neues anzufangen. Was dann vielleicht noch bleibt, ist die Freizeitbeschäftigung, die aber Männer und Frauen, die mit Erfolg im Beruf gestanden haben, kaum ausfüllen und befriedigen kann. Zugegeben, es ist nicht ganz einfach, im Aufstieg zu sein und vom Erfolg zu profitieren – ohne von ihm abhängig zu werden – und gleichzeitig den Zeitpunkt zu einer neuen parallel verlaufenden Aufgabe zu finden. Aber es lohnt sich, es trotzdem zu versuchen. Manchmal hilft es, diese Fragen nicht nur mit dem Ehepartner, sondern auch mit Freunden zu besprechen, die es geschafft und eine zweite Lebenskurve in Angriff genommen haben.

Von Ausnahmen abgesehen, sollte die neue Herausforderung nichts mit Erfolg und Existenzsicherung zu tun haben, aber sie muss Sinn machen,

Lebenssinn stiften. Viele Christen im dritten Lebensalter wünschen sich nichts sehnlicher, als etwas zur Ehre Gottes tun zu können, etwas, das Ewigkeitswert hat. Jeder Mensch hat mit der Geburt natürliche Gaben oder eine bestimmte Begabung empfangen, die er mit dem Eintritt in den Ruhestand glücklicherweise nicht abgeben muss. Darüber hinaus haben wiedergeborene Christen die Gabe des Heiligen Geistes empfangen und damit vielfältige Geistesgaben und Gabenkombinationen. Wie wäre es, wenn nun diese Gaben zum allgemeinen Nutzen und zum Nutzen der christlichen Gemeinde eingesetzt würden? Ehrenamtlich selbstverständlich! Dies wird ja von vielen so schon gehandhabt, aber das Potential scheint noch längst nicht ausgeschöpft zu sein. Da schlummern bei vielen Menschen Gaben und Kräfte, die noch besser zum Tragen kommen könnten. Fragen Sie sich doch einmal: Wofür schlägt mein Herz? Was würde ich gerne tun? Wo in meinem Umfeld gibt es Situationen, die einen Einsatz erfordern, den ich leisten könnte? Wo beantworte ich eine Anfrage an mich mit einer Zusage? Von Ruhestand ist an dieser Stelle keine Rede! Aber das Leben bekommt in seinem letzten Drittel eine Klammer um das Ganze, ein Thema, ein Motto. Der bevorstehenden Rente kann mit einiger Gelassenheit entgegengesehen werden.

6. Abschied inszenieren

Wenn über die parallel verlaufende Lebensaufgabe Klarheit gewonnen ist, gilt es rechtzeitig den Ruhestand vorzubereiten. Dieser hat und behält etwas Zwiespältiges: Ein Mensch wird aus einer Welt entlassen, auf die hin er konditioniert worden ist. Er hat gedient, um zu verdienen, nun hat er ausgedient und muss gehen. Es gibt in der Regel kein Weitermachen und kein Zurück. Gleichzeitig damit verbunden sind Gefühle der Freude, der Neugier und der Skepsis. Vergangenheitsfixierung und Zukunftssuche konkurrieren und verursachen eine wahre Verwirrung der Gefühle. Menschen, die vor ihrer Verabschiedung stehen, müssen sich mit *Hermann Hesse* zurufen: »Wohlan denn Herz, nimm Abschied und gesunde ...«

Abschiede geschehen vor allem in der Seele. Aber es gibt Bräuche, die der Seele gut tun. Wir brauchen sie vor allem an den Schnittstellen unseres Lebens: bei der Geburt, beim Schulanfang, beim Schulabgang, bei der Heirat, beim Tod und auch beim Eintritt in den Ruhestand. Ein Berufskollege von mir wurde an seinem letzten Arbeitstag von seiner Familie mit einer Pferdekutsche abgeholt – zu seinem und zum großen Spaß seiner Kollegen! Das Erreichen der Rente ist zweifellos ein Anlass, der gefeiert werden muss. Der klammheimliche Abgang durch die Hintertür ist zu billig. Denn etwas endet und muss verabschiedet werden. Etwas Neues beginnt und muss begrüßt werden. Das Feiern eines solchen Ereignisses ist nicht nur für den Betroffenen wichtig, sondern auch für sein ganzes Umfeld. Deshalb muss der Ausscheiden aus dem Berufsleben rechtzeitig angekündigt werden, den Vorgesetzten, Mitarbeitern und Kollegen und natürlich der Familie.

Fragen zur Inszenierung des Abschieds aus dem Berufsleben

- Was ist mir beim Abschiedsfest wichtig?
- Mit wem möchte ich feiern: Familie, Kollegen, Freundeskreis, mehrere Male?
- Welchen Rahmen sollen die Feiern haben?
- Wer spricht an den Anlässen? Wer gestaltet das Rahmenprogramm?
- Wie ziehe ich das persönliche Fazit?

Die Abschiedsfeier nimmt man am besten selbst in die Hand, denn es ist nicht sicher, dass Vorgesetzte und Kollegen den Grenzübertritt des neuen Ruheständlers mit Würde zu gestalten wissen. Abschiednehmen beinhaltet Gedanken an Vergangenheit und Zukunft. Wie beim Abschied von Toten gilt: Kein böses Wort und kein Begleichen von alten Rechnungen. Abschiedsgeschenke, oft selbst ausgesucht, gehören dazu. Außerdem auch freundlich-humorvolle Abschiedsworte, Anekdoten und viele: »Erinnerst du dich noch?« Nach dem Beschwören der Vergangenheit, geht es auch um die Zukunft: Was wirst du jetzt tun? Reisen? Enkel? Oder kommt das schwarze Loch? Auch Ratschläge finden ihren Platz. Dies alles zusammengefasst und eingerahmt mit einem guten Essen und schöner Musik, macht diesen Abschied zu einem Bestandteil der Biografie, zu einem Denkmal zwischen zwei großen Lebensphasen.

Das Leben ist wie ein italienisches Bankett. Dieses beginnt mit dem *Antipasto*, das ist die Kindheit, man weiß noch nicht, wo es hin will. Dann folgt das *Primo*, die Lehr- und Ausbildungszeit. Es kann durchaus sein, dass es mehrere Primi gibt, bis das *Secondo* kommt. Dieses ist die Zeit der Familie und des Berufes, sozusagen der Hauptgang. *Frutta* oder *Dolce* zeigen die sich neigende Lebenskurve an, etwa vergleichbar mit den aktiven Alten. Der *Caffee* beschließt das Lebensbankett. Rückblickend ist aber nicht das Essen mit den einzelnen

Gängen wichtig, sondern die Personen, die mit zu Tische saßen: Eltern, Geschwister, Lehrer, Vorgesetzte, Kollegen und Freunde. Da gab es Menschen mit den verschiedensten Eigenschaften: Verständnisvolle und Strenge, Meckerer und Plagegeister, Förderer und Verhinderer, Griesgrämige und Freundliche, Langweiler und Kurzweilige, Stumme und Vielschwätzer, Kritiker und Lobredner, Dumme und Weise. Aber der Wichtigste an jedem Bankett ist der Gastgeber. Das gilt auch für das Lebensbankett. Wohl dem, dessen Gastgeber der Allerhöchste ist.

»Ist's nun nicht besser für den Menschen, dass er esse und trinke und seine Seele guter Dinge sei bei seinen Mühen? Doch dies sah ich auch, dass es von Gottes Hand kommt. Denn wer kann fröhlich essen und geniessen ohne ihn?« (Prediger 2,24-25).

7. Ruhestand – ein Unwort

Sie: *(ruft aus der Küche)*
»Was tust du gerade?«
Er: »Ich sitze.«
Sie: »Schaust du gerade Fernsehen?«
Er: »Nein, ich sitze.«
Sie: »Liest du gerade ein Buch?«
Er: »Nein, ich sitze.«
Sie »Willst du nicht mit dem Hund rausgehen?«
Er: »Nein, ich möchte hier sitzen.«

So und noch viel länger tönt es bei *Loriot*. Irgendwann, manchmal schon in der zweiten und sicher dann in der dritten Lebenshälfte, beginnt das große Sehnen nach Muße. In der Jugend mussten wir tun, was uns die Eltern und Lehrer auftrugen. Als Erwachsene hatten wir auszuführen, was die Chefs von uns verlangten oder die Familie einforderte. Mit dem Ruhestand beginnt die große Freiheit – meinen viele! Als Rentner bin ich mein eigener Chef. Die Terminhoheit liegt nun endlich bei mir. Endlich frei!

Aber uns wurde von klein auf eingeschärft:

Müßiggang ist aller Laster Anfang; Müßiggang ist des Teufels Ruhebank. Das sitzt tief! Deshalb muss Muße eingeübt werden. Von den Deutschen und Schweizern sagt man, sie lebten, um zu arbeiten, von den Franzosen hingegen heißt es, sie würden arbeiten um zu leben. *Aristoteles* (384-322 v.Chr.), Universalgenie und Lehrer des Welteroberers Alexander des Großen, behauptete von sich, er würde arbeiten, um Muße zu haben. Nicht die Muße, sondern dass man arbeitete, war zu seiner Zeit erklärungsbedürftig. Die Arbeit war Sache der Sklaven. Tyrannen verhindern Muße, meinte Aristoteles, denn Muße fördert das Denken, und Denken könnte bestehende Machtverhältnisse in Frage stellen.

So stellt sich die Frage, was Muße heute bedeuten könnte. Der preußische Heerführer *Helmuth Graf von Moltke* (1800-1891), wurde bei seiner Pensionierung gefragt, was er nun zu tun gedenke. »Endlich wieder einmal einen Baum wachsen sehen«, war seine Antwort. Also, versuchen wir zu definieren, was Muße sein könnte:

- ein Ort für das Erleben von Glück, Sinn und Heil
- zweckfreie, aber höchst sinnvoll verbrachte Zeit
- keine Rolle spielen müssen
- keine Erwartungen erfüllen müssen
- Gespräche führen über Gott und die Welt

- nichts Produktives herstellen, nichts verkaufen müssen
- ein Stück nicht wiederholbare Zeit des Lebens intensiv erleben
- dem Gesang der Vögel im Garten lauschen
- alle Sinne wach, aufnahmebereit für das Schöne
- erkennen ohne spezifisches Interesse
- »Die Seele baumeln lassen« (Tucholsky)
- die Gedanken ziellos schweifen lassen
- Kunst nicht begreifen, sondern sich von ihr ergreifen lassen

In solchen Momenten kann es geschehen, dass das Göttliche uns tief innen berührt. Zum Beispiel beim entspannten Hören auf Text und Musik der h-Moll-Messe von Johann Sebastian Bach oder beim Betrachten der einzigartigen Fenster von Marc Chagall in der St. Stephanskirche in Mainz.

Muße mit Würde – sie verhilft zu einem gelasseneren Leben. Man entdeckt die wahren Werte und dass diese wichtiger sind als Waren- und Finanzwerte. Man lernt loszulassen und wie der Philisoph *Sokrates* (470-391 v.Chr) über den Markt zu gehen und sich über die vielen Sachen zu freuen, die es gibt und die man nicht (mehr) braucht. Das Loslassen lernen ist wichtig, denn einmal werden wir nicht dies und das loslassen müssen, sondern das

Leben selbst. Muße ist dann nicht Müßiggang, sondern ganz einfach eine Zeit, ohne die loriotsche Stimme aus der Küche: »Was tust du gerade?«

Aber das schier unstillbare Sehnen nach Muße ist nur die eine Seite der Medaille. Zeiten der Muße kontrastieren mit Zeiten des »Null Bock auf Ruhestand«. Der Präses des Evangelischen Gemeinschaftsverbandes, Pfarrer *Christoph Morgner*, schlug vor, das Wort *Ruhestand* sollte zum »Unwort« des Jahres werden. Untersuchungen zeigten nämlich, dass das Gefühl, nicht mehr gebraucht zu werden, Gift für die Seele sei. »Wer alle Viere von sich streckt und nichts mehr anpackt, weiß bald nichts mehr mit sich anzufangen und geht sich und andern auf den Geist«, meint Morgner. Es scheint durchaus sinnvoll, mit zunehmendem Alter Zeiten der Muße zuzulassen. Eine längere Auszeit nach Erreichen des Ruhestands erleichtert den Übergang ins Rentenalter enorm, aber diese Auszeit darf nicht zum Dauerzustand werden.

Nach offizieller Lesart wird man spätestens mit dem 65. Lebensjahr zwangsweise daran gehindert, wesentlichen Beschäftigungen nachzugehen. Man wird berentet und ist nun offiziell alt; nur Päpste und Könige haben lebenslänglich. Eigentlich widersprechen solche Bestimmungen dem durch Verfassung und Gesetz garantierten Diskriminierungsverbot. Danach darf nämlich jemand nicht nur seines Geschlechts oder seiner Rasse wegen, sondern auch seines Alters wegen nicht diskriminiert werden. Die Idee des Ruhestandes treibt zu viele Menschen aus nützlichen Sozialfunktionen.

Der Jungrentner genießt zunächst die neue gewonnene Freiheit – hoffentlich! Aber irgendwann, manchmal schon sehr bald, kommt die bange Frage: »War's das nun?«, oder: »Ist das alles?« An dieser Stelle ist derjenige im Vorteil, der in seinem zweiten Lebensdrittel mit einer zweiten Lebensaufgabe angefangen hat. Denn das Ende der Erwerbstätigkeit ist eben noch nicht das Ende des Lebens. Die Lebenserwartung ab 65 beträgt für Männer 16 und für Frauen 20 Jahre. Die totale Arbeitsunfähigkeit dauert – wenn man die zu früh Verstorbenen miteinbezieht – im Schnitt nur gerade drei Monate. Da gilt es – um mit Goethe zu sprechen – das »neue Rollenfach« anzunehmen, um dem letzten Lebensdrittel Sinn und Ziel zu geben.

Die Generation 50plus gehört zu den Privilegierten des Wohlfahrtsstaates. Der renommierte Glücksforscher *Bruno S. Frey* meint: »Wenn man jung ist, ist man ziemlich glücklich, dann geht es bergab, und je älter man wird, desto glücklicher wird man«. Die große Mehrheit der Alten lebt mit günstigen Rahmenbedingungen, genießt eine recht gute Gesundheit und hat die Aussicht auf gute Lebensqualität bis ins hohe Alter. Viele verfügen über ein respektables Bildungsniveau, wertvolles Wissen und reiche Lebenserfahrung. Sie haben erhebliche Geldsummen auf der hohen Kante, verfügen über eigene Immobilien und eine relativ gute Altersvorsorge. Laut Statistiken steht ihnen viermal so viel Geld zur Verfügung wie den Jüngeren. In den nächsten zehn Jahren werden in Deutschland zehn Billionen Euro den Besitzer wechseln – von den alten Alten zu den jungen Alten, anstatt von den Alten zu den Erwerbstätigen. Eine Folge der gestiegenen Lebenserwartung.

Von den Senioren leben auch andere recht gut: Ärzte, Professoren, Spezialisten aller Art, Kauf- und Versandhäuser, Gaststätten und Hotels, Reiseveranstalter (Kreuzfahrten!), Museen und andere kulturelle Veranstaltungen. Hilfswerke und Stiftungen in der Schweiz erben jedes Jahr 800 Millionen bis eine Milliarde Franken. Die Rentnergeneration versteuert mehr Vermögen als die Erwerbstätigen. Es ging den Alten in den westlichen Ländern noch nie so gut wie heute. Die jetzige Altersgeneration ist die reichste Generation, die es je gegeben hat, deshalb nennt man sie Generation Gold. Altersarmut ist bei ihnen ein geringes Risiko; sie sind in den fetten Jahren alt geworden. Sie können sich im

Alter manchen Traum erfüllen. Mit dieser Perspektive lohnt es sich, ein neues, vielleicht letztes Lebenskonzept zu entwickeln, das mehr ist als geschäftiger Müßiggang.

8. Lebensqualität – Lebenskunst

»Altern ist nichts für Feiglinge«, sagt ein amerikanisches Sprichwort. Mit vierzig, fünfzig lässt man sich vom Älterwerden noch nicht beschweren, aber man beginnt darüber nachzudenken. Der französische General *Charles de Gaulle* (1890-1970), mit dem bekanntlich nicht gut Kirschen essen war, pflegte zu sagen: *»La veillesse est un naufrage«* – das Alter ist ein Schiffbruch. Von dem deutschen Schriftsteller *Martin Walser* stammt der Satz: »Das Altern ist ein Skandal.« Der amerikanische Erfolgsautor *Philip Roth* beschreibt in *Jedermann* den lebenslangen Kampf des Mannes gegen die Sterblichkeit mit den Worten: »Das Alter ist kein Kampf; das Alter ist ein Massaker.« Schiffbruch, Skandal, Massaker – so kann man das Alter sehen. Aber das Altern selbst ist nicht das Problem, sondern die Sicht, die man darüber entwickelt. In seiner zweiten Antwort an seinen moralisierenden Freund Zophar sagte der gepeinigte Hiob:

> *»Der eine stirbt frisch und gesund in allem Reichtum und voller Genüge, sein Melkfass ist*

voll Milch, und sein Gebein gemästet mit Mark; der andere aber stirbt mit verbitterter Seele und hat nie vom Glück gekostet – und doch liegen beide miteinander in der Erde, und Gewürm deckt sie zu« (Hiob 21,23-26).

Es stimmt natürlich, im Tod sind wir alle gleich, aber in der Auferstehung nicht. Wie wir einst auferstehen werden, entscheidet sich hier und jetzt. Wie der Baum fällt, so bleibt er liegen. So ist Altern ein Kampf, den jeder mit sich selbst ausfechten muss. Bei den Frauen beginnt er wegen des »Glätte- und Schönheitswahns« meist früher als bei den Männern. Der Volksmund sagt: »Ein Mann ist so alt, wie er sich fühlt, eine Frau ist so alt, wie sie sich anfühlt.« Aber irgendwann holt es auch die Männer ein. Für sie gilt: Alt ist, wer vom Leben nichts mehr erwartet; alt ist, wer nichts Neues mehr anfängt. Am besten ist es, im Alter jung zu bleiben. Aber kann man das? Wo ist die Grenze zwischen *juvenil* (jugendlich) und *infantil* (kindisch)? Mir gefällt die Ansicht des amerikanischen Schriftstellers *T.S. Eliot*, dass wir im Alter Kundschafter in einer Welt sein sollten, die sich uns mit den fortschreitenden Jahren entfremdet hat. Wir sollten die Mentalität eines Rauschgifthundes entwickeln, der angesetzt wird, um etwas Bestimmtes zu erschnüffeln. Die wichtigsten Entdeckungsreisen macht man, wenn man Welt und Menschen mit neuen Augen betrachtet. *Marie Luise Kaschnitz* meinte: »Das Alter ist für mich kein Kerker, sondern ein Balkon, von dem man zugleich weiter und genauer sieht.«

Manche Menschen sind der Ansicht, Glück sei kein Lebensziel, sondern im besten Fall das Nebenprodukt eines sittlichen Wandels. Anderen bedeutet die rasche Befriedigung sämtlicher Wünsche das höchste der Gefühle – das ist die vorherrschende Lebensanschauung unserer Erlebnisgesellschaft. Aber Glück ist kein Konsumgut, sondern ein Geschenk. Für die Bibel ist Glück und Glückseligkeit nicht ein Ding von dieser Welt. Im Gegenteil: *»Glücklich zu preisen sind, die da Leid tragen, denn sie sollen getröstet werden«*, heißt es bei Matthäus 5,4. Der Kirchenlehrer *Augustinus* (354-430) bringt das Sehnen des Menschen wie folgt zum Ausdruck: »Des Menschen Herz ist ruhelos, bis es ruht, o Gott in dir.« In Goethes Trauerspiel *Egmont* singt das Klärchen: »Glücklich allein ist die Seele, die liebt.« Liebe ist stärker und dauerhafter als Glück. Liebe ist ein Beziehungsbegriff. In den Beziehungen von Mensch zu Mensch gibt es beides: Himmel und Hölle. Nur eine Beziehung verspricht zuverlässig Glück und Seligkeit, sogar über den Tod hinaus: die Beziehung zu Jesus Christus. Nur bei dieser einen Beziehung hat der Refrain »Marmor, Stein und Eisen bricht, aber unsere Liebe nicht« seine wirkliche Bedeutung. Der Weg der Christen ist nicht leidensfrei, aber sie haben ein herrliches Ziel: einmal bei dem zu sein, der sie geliebt hat, als es nichts Liebenswertes an ihnen gab.

Ob jemand mit verbitterter Seele stirbt, ohne je das Glück gekostet zu haben, hängt zu einem großen Teil von seiner Lebenseinstellung ab, die er im Verlauf seines Lebens entwickelt hat. Es gibt schon ganz junge verbitterte Leute, die sich ständig vom Leben betrogen fühlen. Das wird sich im Alter wahrscheinlich noch verstärken. Ein verbitterter Mensch ist kein freundlicher Mensch. Er wird nicht viele Menschen finden, die gerne mit ihm zusammen sind. Es sei denn, es gelänge ihm, das Lebenssteuer rechtzeitig herumzuwerfen.

Es gibt Selbstregulierungsprozesse, die die Lebensqualität im Alter beeinflussen. Dazu gehören Schutzmechanismen, die die eigene Befindlichkeit relativieren, indem etwa mit andern Gleichaltrigen verglichen und die Messlatte an sich selbst runtergeschraubt wird. Der renommierte Altersforscher *Paul Baltes* hat das SOK-Prinzip entwickelt. Nach seiner Auffassung muss der alternde Mensch drei

Handlungsstrategien erlernen: die Selektion, die Optimierung und die Kompensation. Zur Veranschaulichung hat er Arthur Rubinstein herangezogen. Auf die Frage, weshalb er mit 80 Jahren noch ein so guter Konzertpianist sei, antwortete er: weil er sein Repertoire verringert habe (Selektion), diese Stücke mehr als früher übe (Optimierung) und vor besonders schnellen Passagen das Tempo verlangsame, damit sie dann wieder ausreichend schnell erscheinen (Kompensation). Autonomie und Anforderungen an sich selbst müssen an den Schnittstellen immer wieder neu definiert werden. Die Schnittstellen heißen: Pubertät, Ablösung vom Elternhaus, Heirat, Ruhestand und Übertritt ins Alters- und Pflegeheim. Auch die Erwartungen an den Partner, Kinder, Nachbarn, Freunde, Arbeitskollegen und Gott müssen laufend überprüft und festgelegt werden.

In den USA wurde vor vielen Jahren ein ethisch fragwürdiges Experiment durchgeführt, das heute so nicht mehr stattfinden dürfte. Bei der Ankunft neuer Bewohner in einem Altersheim hat man diese in zwei Gruppen eingeteilt. Der ersten Gruppe wurde bei der Einführung gesagt, wie schön sie es nun haben würden. Sie hätten überhaupt nichts mehr selbst zu tun. Alle Arbeiten würden ihnen vom Personal abgenommen. Der zweiten Gruppe schärfte man vor allem den Aspekt der Selbstbestimmung ein. Das Personal würde nur unterstützend einspringen, wenn es gar nicht mehr gehe. Für ihr Wohlergehen seien sie aber selbst verantwortlich. Resultat: Die zweite Gruppe hatte die bedeutend größere Lebensqualität und lebte wesentlich länger. Größtmögliche Autonomie gehört zur Lebensqualität im Alter.

Neuere Forschungsergebnisse zeigen, dass im Vergleich zu den andern Generationen die Alten am zufriedensten sind. Nach ihrer Selbsteinschätzung nimmt die physische Gesundheit ab und die psychische zu. Der Körper wird schwächer, der Geist stärker. Man fühlt sich offensichtlich um Jahre jünger als man wirklich ist. Auch Paulus weiß von der Erneuerung des inneren Menschen als Gegenbewegung zu körperlichen Verfallserscheinungen: *»Darum werden wir nicht müde; sondern wenn auch unser äußerer Mensch zerfällt, so wird doch der innere von Tag zu Tag erneuert«* (2. Korinther 4,16).

Ars Vivendi – Lebenskunst! Zu vertiefen ist dabei auch die Erkenntnis, dass der Mensch seine Grenzen hat. Der Mensch sieht schlechter als der Adler, hört schlechter als der Hund und hat einen gröberen Geruchsinn als der Schmetterling (Manfred Lütz). Deshalb empfiehlt Paul Watzlawick das

Problem zu *utilisieren*, das heißt, das Gute des Schlechten zu suchen und zu einem Werkzeug zu machen. Das haben uns in der Vergangenheit viele vorgemacht:

- Homer war blind.
- Der Rhetoriker Demosthenes hatte eine Sprachbehinderung.
- Julius Cäsar war Epileptiker.
- Paulus hatte einen Stachel im Fleisch.
- Der große Philosoph Immanuel Kant ist mit verwachsenem Körper auf die Welt gekommen.
- Ludwig van Beethoven war im Alter hörbehindert.
- Der Pfarrer von Ars und der Indienmissionar Samuel Hebich hatten eine Lernschwäche.
- Der Existenzphilosoph Karl Jaspers hat einen großen Teil seiner Werke im Bett geschrieben.

Sie alle haben ihre Behinderung *utilisiert* und erbrachten Höchstleistungen. Beim Verfassen dieser Zeilen kam das Buch »Älter werden« auf den Markt. Die 60-jährige Autorin *Silvia Bovenschen* leidet seit ihrer Jugend an Multipler Sklerose. Das hat sie aber nicht daran gehindert, Karriere als Naturwissenschaftlerin und Essayistin zu machen. Mit Grenzen leben heißt, nicht nur Grenzen akzeptieren, sondern diese zum Nutzen von andern Menschen zu *utilisie-*

ren. So entflieht man erfolgreich der Verbitterung über ein eingeschränktes Leben.

Am Niederrhein soll es eine Sonnenuhr geben, auf der in verzierter Schrift steht: »Mich regiert die Sonne – euch der Schatten« – nun, an wolkenverhangenen Tagen und in der Nacht gilt das natürlich nicht. Aber der Satz führt uns zur Frage: Was ist eigentlich Zeit? Ich kann sie messen, einteilen, verplanen, aber verlängern, umkehren, nachholen kann ich sie nicht. Gott bestimmt, wann eine Sache eintreten soll und wie lange ein Ereignis dauern darf. Nicht das Schicksal bestimmt, sondern Gott. Er hat den Überblick. Wir Menschen können unser Leben vielleicht rückwärts – also im Rückblick – verstehen, aber nur vorwärts leben. Leben unter der Führung Gottes ist kein Schattendasein, sondern Leben an der Sonnenseite.

Kinder haben einen scharfen Blick. Da sagt doch ein kleines Mädchen von seinen Eltern: »Es ist ganz einfach: Papa möchte in die Geschichte eingehen – Mama in den Himmel!« Da dürfte etwas Wahres dran sein. Männer wollen Spuren hinterlassen. Trotzdem haben Frauen allemal recht: Unser Leben muss sich auf den Horizont des Ewigen hin bewegen. *»Lehre uns bedenken dass wir sterben müssen, auf dass wir klug werden«*, betet Mose in Psalm 90,12.

Weisheit als Ziel und Frucht des Alters, das ist es! Nur derjenige kann weise werden, der ein bestimmtes klares Wissen hat. Dieses erwirbt man sich durch beständige, weit über das Erwerbsleben hinausgehende Lernbereitschaft. Dem alt und reif gewordenen Menschen erwachsen zudem durch den mühevollen Gang durchs Leben Erkenntnisse, die über rein akademisches Wissen hinaus reichen. Er erfährt und erlebt etwas von der Herrlichkeit, aber auch vom Horror dieser Welt. Zum Reifen des Menschen gehören die Erfahrungen des Scheiterns, des glückhaften Gelingens, des leidvollen Versagens, von Angst und Verzweiflung, Schuld und Vergebung.

Zur Lebenskunst gehört schließlich die Gelassenheit. Eine Gelassenheit, die Beharrlichkeit entstehen lässt, um schwierige Situationen auszuhalten. Gelassenheit lässt auch Unvorhergesehenes zu; sie ist offen für Neues und hat einen langen Atem; sie vermag Dinge auf sich beruhen zu lassen. Dafür bietet Gelassenheit Freiheiten, die aus dem langsameren Lebenstempo und dem verminderten Zeitdruck entstehen. Wenn ich dies bedenke, ertappe ich mich bei dem Gedanken: Könnte man nicht vielleicht beides verbinden – ein ganz klein wenig Spuren hinterlassen und am Ende viel, viel Himmel? Es ist eine seltsame Zeit, das Alter. Man hat viel gelernt und Erfahrungen gewonnen. Man hat mehr Zeit, aber die Zeit läuft ab. Trotzdem ist die Zeit nach dem Beruf die schönste Zeit im Leben. Schade, dass sie auch die letzte ist.

9. Gemeinsam alt werden

»Das ältere Ehepaar tritt, obwohl nur aus zwei Mitgliedern bestehend, gern im Gänsemarsch auf: Die Frau leitet die Entdeckungsreise in die Stadt, der Mann folgt gutwillig, entspannt – und ein wenig verlegen. Denn nun werden die Territorien aufgesucht, in denen die Frau seit je Fachmann ist« (Hannelore Schlaffer, Literaturwissenschaftlerin). Gemeinsam alt werden, ist für viele Paare über alle Stürme der Zeit hinweg noch immer die Idealvorstellung. Wie wir wissen, haben wir das aber nicht in der Hand. Wenn es uns aber geschenkt wird, den Weg ins dritte Lebensalter gemeinsam zu beschreiten, dann muss uns bewusst sein, dass beim Übertritt ins Rentenalter die Karten neu gemischt werden. Für Mann und Frau beginnt eine Lebensphase, für die sie keinerlei Erfahrung besitzen. Denn Ehepartner lernen sich oft erst dann richtig kennen, wenn einer oder beide nicht mehr ganztags außer Haus ist.

Immer öfter landen Alt-Ehen vor dem Scheidungsrichter. Zehn Prozent der Scheidungen finden nach dreißig, vierzig Ehejahren, also um den

Zeitpunkt des Renteneintritts herum, statt. Ihre Zahl steigt. Man fragt sich: Wozu dieser Stress? Wenn es zwei Menschen so lange zusammen ausgehalten haben, warum schaffen sie es nicht, die ihnen verbleibenden Jahre zusammenzubleiben?

Wer nie wirklich miteinander sprach, sondern nur redete, wer jahrelang mit seinem Partner nicht kommunizierte, sondern nur Tagesaktualitäten austauschte, steht zu Beginn des Rentendaseins mit leeren Händen da. Mit wachsender Enttäuschung kann dann auch das Vertraute, das längst Selbstverständliche, den Bach runter gehen. Plötzlich scheint alles vorbei, fragwürdig und illusorisch zu sein. Die gemeinsamen Jahre entpuppen sich – scheinbar oder tatsächlich – als verlorene Jahre. Und die Frage ist berechtigt: Schaffen wir es noch, gemeinsam aufeinander zuzugehen? Schaffen wir es noch, ein Leben in echter Harmonie zu führen oder ist das Äußerste nur noch ein brüchiger Waffenstillstand?

Die Ehe ist ein lebenslanges Gespräch, sagen die Erfahrenen unter uns. Da gilt es anzusetzen. Die Ehe ist nicht ein starres Gebilde, sondern ein dynamischer Prozess. So wie sich Mann und Frau im Verlauf der Jahre individuell entwickeln, wandelt sich auch die Beziehung zueinander. Beziehungen bedürfen sorgfältiger Pflege. Faktoren, die das gute

Funktionieren einer Partnerschaft auch im Alter günstig beeinflussen, sind:

- Freundlichkeit im täglichen Umgang
- gegenseitige Rücksichtnahme
- genügend Zeit für Gespräche
- sich einstellen auf die Gewohnheiten des andern; Lerche (Frühaufsteher) und Eule (Morgenmuffel) müssen lernen, miteinander statt nebeneinander zu leben.
- Unternehmen gemeinsamer Aktivitäten
- Übereinstimmen in den Wertvorstellungen und Zielen
- Gleichberechtigung und gegenseitiger Respekt

Das Ziel, dem Feuer der Liebe in der dritten Lebensphase neue Nahrung zu geben und sich in der Partnerschaft neu zu begegnen, ist keine Utopie, aber man muss daran arbeiten. Da ist Loriot zuzustimmen: »Altwerden ist nichts für Weicheier.« Es gibt keine Garantie für ewige Liebe. Die Paarbeziehung ist keine Einbahnstraße, sondern immer ein gegenseitiges Geben und Nehmen.

Um eine Liebe im umfassenden Sinn lebenslang lebendig zu erhalten, dazu gibt es kein allgemeingültiges Rezept, höchstens ein paar Denkanstöße:

- Gegenseitiges Vertrauen ist die Grundlage jeder echten Paarbeziehung – auch im Alter.
- Nichts killt die Liebe schneller als Langeweile. Abwechslung ist gefragt, Überraschung – nicht der gewohnte Trott.
- Kleine Gewitter können klärend wirken. Scheinharmonie schürt Konflikte.
- Sex im Alter? Doofe Frage! Man fragt auch nicht: Essen Sie noch mit siebzig? Vielleicht verlagert sich der stark genital bezogene Akt mehr zu einer umfassenden Zärtlichkeit.
- Beziehungen zu einem Freundeskreis mit guter Altersdurchmischung bereichern den Alltag und erhalten das Denken jung.
- Nie vergessen: Keine, keiner ist perfekt!

Der Prediger Salomo umschreibt die lebenslange Paarbeziehung mit ermutigenden Hinweisen:

> *»So ist's besser zu zweien als allein; denn sie haben guten Lohn für ihre Mühe. Fällt einer von ihnen, so hilft ihm sein Gesell auf. Weh dem, der allein ist, wenn er fällt! Dann ist keiner da, der ihm aufhilft. Auch wenn zwei beieinander liegen, wärmen sie sich; wie kann ein einzelner warm werden? Einer mag überwältigt werden, aber zwei können widerstehen,*

und eine dreifache Schnur reißt nicht leicht entzwei« (Prediger 4,9-12).

Philemon und Baucis waren zusammen alt geworden, sie hatten eine gute Ehe geführt, und in all den gemeinsam erlebten Jahren hatten sie einen Schatz angesammelt, der nicht in greifbaren Dingen, sondern in guten Worten und liebevollen Gedanken bestand. Sie hatten keinen Grund, sich gegeneinander zu verhärten, und jede Enttäuschung, jede Sorge des äußeren Lebens, die der eine empfing, war von dem Liebesatmen des andern aufgelöst worden in ein Lächeln der Geduld. Als zwei Fremde ihre Stadt besuchten, gewährte nur dieses Ehepaar den beiden Gastfreundschaft. Da begriffen Philemon und Baucis, dass es von nun an ihre Aufgabe sein sollte, das verlassene Heiligtum zu hüten und von ihm beschützt zu sein, und dass durch eine solche gemeinsame Hingabe ihr Leben wunderbar gekrönt werden sollte. Und weil es ihnen schien, als hätten sie nicht der Gastfreundschaft eines einzigen Abends, sondern der lebendigen Liebe all ihrer Jahre diese Gnade zu verdanken, wünschten sie in diesem Augenblick nichts sehnlicher, als beieinander zu bleiben und dieses neugeschenkte Leben in ein und derselben Stunde zu beschließen.

Es erzählt die Sage, dass jener Wunsch ihnen

erfüllt wurde: Da sei mit einem Mal durch ihre Glieder eine wunderliche Bewegung gegangen, ein Wachsen und Erstarren zugleich. Langsam, langsam hätten sich ihre Leiber verwandelt und wären zu Baumstämmen geworden, ihre Gesichter einander zugeneigt, in unaussprechlicher Liebe, wären allmählich versunken in Wolken grünender Zweige und ihre Stimmen hätten nicht mehr menschliche Worte gesprochen, sondern nur noch wie das Rauschen und Flüstern windbewegter Zweige getönt. In eine Eiche war Philemon, in eine Linde Baucis verwandelt worden. In ihrem Schatten aber verweilen ruhend und sinnend die neuen Menschen (gekürzte Nacherzählung einer griechischen Sage von Marie Luise Kaschnitz).

Ja, eine Gesellschaft mit einem festen Bestand von alten Leuten wie Philemon und Baucis bekommt etwas Gelassenes und Beruhigendes! Aber die Zahl der als Single lebenden Menschen nimmt zu. Dies aus den unterschiedlichsten Gründen. Da haben wir die freiwillig oder unfreiwillig Ledigen. Dann gibt es die zunehmende Zahl von Geschiedenen. Schließlich sind auch die Verwitweten zu nennen – mehrheitlich sind es Frauen. Sie alle sollten ihr Schicksal nicht resignierend und todunglücklich hinnehmen. Auch das Alleinsein hat seine Chance. Paulus hätte am liebsten gehabt, alle Menschen wären so wie er, nämlich ledig, aber dann sagt er: *»Jeder hat seine eigene Gabe von Gott, der eine so, der andere so«* (1. Korinther 7,7). Wer das Alleinsein als Gabe Gottes begreift, hat es leichter. In keiner Paarbeziehung leben, bedeutet aber nicht, eingeigelt in einer Ich-AG zu leben. Im Gegenteil, tragfähige Freundschaften mit Männern und Frauen unterschiedlichen Alters sind auch hier ein Muss. Gleichgeschlechtliche Zweierschaften wie bei David und Jonathan (1. und 2. Buch Samuel) können für Unverheiratete eine große Hilfe sein – man muss nicht gleich an Homosexualität denken! Gemeinsam alt werden, ist somit auch bei Singles ein Thema.

Für manche Witwe ist ihre Witwenschaft wie ein zweites Leben. Von einer mehr dienenden Stellung entwickeln sie sich zu einer beeindruckenden Selbständigkeit und blühen dabei regelrecht auf. Es muss nicht unbedingt so sein wie bei Königin *Victoria von England* (1819-1901), die mit ihrem verstorbenen Mann Prinz Albert einen wahren Totenkult betrieb und England regelrecht »albertisierte«. Als sie den sterbenden, ehemaligen Premierminister *Benjamin Disraeli* (1804-1881) besuchen wollte, wehrte dieser ab: »Lieber nicht, sie würde mir doch nur eine Botschaft für Albert mitgeben.« Auch wenn diese Art von Totenverehrung zu weit geht, zeigt sie doch, wie Witwenschaft neue Kräfte wecken kann, denn Königin Viktoria entwickelt aus ihrer Trauer heraus eine bemerkenswerte schriftstellerische Tätigkeit.

10. Grosselternschaft

Der Schriftsteller *Hermann Hesse* (1877-1962) besuchte als Fünfzehnjähriger die evangelische Seminarschule von Maulbronn. Die seelenlose Disziplin der Schule machte ihn fertig. Er begann dagegen aufzubegehren, und schließlich floh er in die umliegenden Wälder. Erst nach mehreren Tagen wurde er wieder aufgefunden. Die Familie war empört und schickte den missratenen Sprössling zum Großvater, in der Hoffnung, dessen Autorität würde ihn wieder zurechtbringen. Als der Enkel erschien, tauchte der schwäbische Weise mit dem »Jahrhundertbart« aus seinen Büchern auf und begrüßte ihn verständnisvoll: »So, du bist's Hermann. Ich habe gehört, du habest neulich ein Geniereisle gemacht.« Das Wohlwollen des Greises entsprang der Erinnerung an die eigene Jugend, wo ihm Ähnliches widerfahren war. Das erfuhr Hesse allerdings erst später. Aber das »Geniereisle« schuf von nun an zwischen Großvater und Enkel eine besondere Beziehung, an die sich der Schriftsteller gerne zurückerinnerte. Enkel sind die Wiedergeburt des Großvaters – die Rückkehr in die Morgenröte der Jugend. Die Erlebnisse des Enkels holen beim Großvater längst Vergessenes wieder herauf. Der Großvater wird zum Komplizen des Enkels über den Kopf der Eltern hinweg. Die Enkel finden in ihm einen unterhaltsamen und nachsichtigen Gefährten. Enkel stiften Lebenssinn im Alter.

Im Zeitalter der Singles und Alleinerziehenden sind die Großeltern die Träger des Familiengedankens. Sie sind der Kitt, der die Generationen zusammenhält. Sie schaffen den Jugendlichen einen Raum, der nicht illegal ist, sondern in dem ein Klima von Milde und Güte herrscht. Bei den Großeltern geht dank ihrer Altersmilde immer wieder ein Türchen auf. Manchmal spielt bei ihnen eine gewisse Lust auf familiären Ungehorsam mit. Weil ihre Rolle eine weichere ist als die der Eltern, gibt es weniger Konflikte. Den Großeltern kann man ausweichen, den Eltern nicht. Großeltern dürfen verwöhnen, nachsichtig und tolerant sein. Es gilt das Gebot der »Nähe auf Distanz«. Das Verbindende sind Gefühle, und Gefühle sind das Vehikel prägender Werte.

Großvater und Großmutter sind die Träger des kulturellen Gewissens. Sie halten Bräuche und Traditionen aufrecht und haben einen ganzen Vorrat an originalen und originellen Geschichten parat. Sie haben praktische Kenntnisse über das, was in der Natur und auf der Straße entdeckt werden kann. Sie wissen manches über Sitten und Geschmäcker und was vor langer, langer Zeit geschehen ist. Sie leben oft zwischen seltsamen Dingen, die sie in Ehren halten – und unvergesslichen Gerüchen! Sie haben nicht mehr viel Zeit vor sich und doch viel Zeit übrig. Großeltern erkunden bei den Enkeln gerne den Charakter und dessen Möglichkeiten und Gefahren, die sich daraus entwickeln könnten. Sie können sich Vorstellungen über ihre Großkinder machen, die weit über ihre Kindheit hinausgehen. Man kann vier Typen von Großelternschaft unterscheiden:

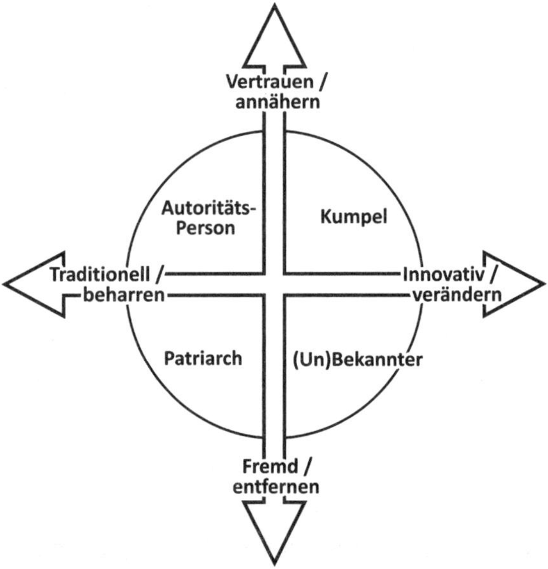

- Die **Autoritätsperson** ist zuständig für Werte und Normen, gepaart mit Liebe und Besonnenheit.
- Der **Kumpel** ist der postmoderne Freiheitskamerad, mit dem man »Geniereisle« unternehmen und Rosse stehlen kann.
- Der **Patriarch** ist der »große Alte«, der wissende und sinnende Ur-Greis – überhöht, fremd, unpersönlich.
- Der **(Un) Bekannte** weckt Interesse, aber er ist weit entfernt, unerreichbar, abgehoben.

Natürlich gibt es diese Typen nicht in reiner Form, sondern jeder Großvater, jede Großmutter ist ein Mix davon. Die Grafik kann jedoch dazu verhelfen, Fremd- und Eigenbild, zum Beispiel mit Hilfe der Eltern der Kinder, zu erstellen und miteinander gesprächsweise zu erörtern. Denn das, was wir sein möchten, deckt sich nicht mit dem, was wir sind. Der Austausch über die Ergebnisse kann mithelfen, falsches Verhalten gegenüber den Enkeln zu korrigieren.

Der Ruhestand ist die wichtigste Voraussetzung für Großelternschaft. In der Regel entfaltet sich das, was Großeltern ihren Enkeln sein können in drei Bereichen:

- *Erfahrungsaustausch.* Dazu gehört das Gespräch über Gott und die Welt, Schule und Elternhaus, Musik und Theater, Fernsehfilm und Sport. Die Themen sind unbeschränkt. So wird die Erfahrungsdifferenz ausgeglichen. Mit der Anteilnahme an dem, was die Enkel interessiert, leisten Großeltern ein Stück weit modernes Mentoring.

- *Betreuungsaufgaben.* Dazu gehören das Einspringen im Haushalt, Mithelfen bei den Hausaufgaben, Singen und Spielen, Betreuen der Enkel, damit die Eltern allein in die Ferien fahren oder ausspannen können. Die volkswirtschaftliche Bedeutung der großelterlichen Liebesdienste lassen sich in Zahlen ausdrücken. In der Schweiz leisten Großeltern pro Jahr Betreuungsarbeit in der Größenordnung von zwei Milliarden Franken. Ja, was wäre ohne Oma! Und was wäre ohne die gelegentliche Aufbesserung des Taschengeldes der Enkel durch den Großvater!

- *Geschichtswerkstatt.* Generationen sind immer auch Brücken. Großeltern schaffen historisches Bewusstsein, Genealogien in der Bibel und Familienstammbäume schufen und schaffen Zusammenhänge. Die Jungen gewinnen so Gewissheit über ihren eigenen Platz.

Das, was Grosseltern ihren Enkeln geben und sein können, ist keine Einbahnstraße. Was dabei abgeht, nennt man **Generationenlernen:** Enkel lernen von ihren Großeltern ...

- wie man näht, strickt, flickt und bastelt,
- welche Gestalten und Ereignisse aus der Vergangenheit nicht vergessen werden dürfen
- welche Werte für das Leben wichtig sind: Fleiß, Ordnung, gutes Benehmen, Höflichkeit, Wahrhaftigkeit ...
- wie man die (Kinder-) Bibel liest,
- wie man betet.

Großeltern lernen von ihren Enkeln ...

- wie man mit elektronischen Geräten umgeht: Mobiltelefon, Digitalkamera, Computer, Fahrkartenautomaten ...
- was die Jugend beschäftigt,
- was in der Schule gelehrt wird,
- Kurz: Enkel verschaffen den Großeltern den Bezug zur Gegenwart.

Enkel sind für die Großeltern wie *»neuer Wein in alten Schläuchen«*. Zwar sind die Großmütter noch immer wichtiger als die Großväter, aber diese holen auf. Was sie nämlich an den eigenen Kindern versäumt haben, versuchen sie, an den Enkeln gut zu machen. Die von Großeltern und Enkeln gemeinsam verbrachte Zeit ist exklusiv, da kommt man kaum zur Ruhe. Und die Kraft nimmt im Alter nicht zu. So kann es schon mal heißen: Wir freuen uns auf die Enkel zweimal: wenn sie kommen und wenn sie gehen.

Es ist zweifellos so: Durch die guten Beziehungen der Generationen wird die Familiensolidarität gestärkt. Das kann sich aber auch negativ auswirken, weil es andere ausschließt. Deshalb gibt es zunehmend **Wahlgroßelternschaften.** Ich kenne eine fünfzigjährige alleinstehende Frau, die fünf Patenkinder hat und nun miterlebt, wie diese für sie »Enkel« auf die Welt bringen. An ihr erfüllt sich das Wort von Jesaja 54,1: *»Die Einsame hat mehr Kinder, als die den Mann hat.«* Aber aufgepasst: Nicht jede ältere Person hegt gleich großelterliche Gefühle, nur weil sie alt ist.

Dass vier Generationen unter einem Dach leben, ist in unseren Breitengraden eine Seltenheit geworden. Aber weil einerseits junge Familien nach Betreuungsmöglichkeiten für ihre Kinder, und andererseits ältere Menschen nach neuen Aufgaben suchen, entstand in Deutschland das Modell der **Mehrgenerationenhäuser.** Das gemeinsame Ziel solcher Häuser:

- Förderung des Miteinanders und gegenseitige Unterstützung der Generationen
- Etablierung eines lokalen Marktes für Dienstleistungen, die von den verschiedenen Generationen wirklich gebraucht werden.

Die Idee geht auf private Initiative zurück. Das Projekt findet großen Anklang und wird von der Bundesregierung stark unterstützt. Betrieben werden die Häuser häufig von kirchlichen Organisationen. Mehrgenerationenhäuser sind offene Tagestreffpunkte, in denen sich die Generationen wie selbstverständlich begegnen und gegenseitig helfen – wie früher in der Großfamilie. Hier finden auch Alleinstehende, Männer und Frauen, die ihre Partner verloren haben oder Ehepaare ohne Kinder, ein neues Rollenfach. Zum Angebot gehören etwa:

- Frühstückangebot, Mittagessen sowie Kaffee und Kuchen zu günstigen Preisen
- Betreuen von Kindern ab sechs Monaten
- Beratung bei Behördengängen, Fragen der Kindererziehung und andern Alltagssorgen
- Einrichten von »Seniorenakademien«, wo Junge die Alten lehren und umgekehrt
- Anbieten von Dienstleistungen: Essenservice, Garten- und Haushalthilfen usw.

Eine andere Idee, genannt **Stöckli**, verfolgt ein ökumenisches Wohnprojekt in Basel. Die Stiftung Horburg-Marienhaus bietet neben dem Alten- und Pflegeheim ein Wohnhaus, das auf jeder Etage eine Familienwohnung und eine Zweizimmer-Wohnung vereint. Die kleinere Wohnung geht an einen oder zwei ältere Menschen, die größere an die Familie. So haben die Älteren eine helfende Hand in der Nähe und die Familien können gegebenenfalls von der Unterstützung der Älteren profitieren.

11. Keiner lebt für sich allein

»Hast du gelebt? – Wie viel Boden hast du umgepflügt? – Wie viel Brot hast du für andere Menschen gebacken? – Wie viel hast du gesät? – Wie viele Bäume hast du gepflanzt? – Wie viele Ziegel hast du zum Bau beigetragen? – Wem hast du Wärme gegeben und wie viel? – Hast du jemanden enttäuscht? – Wie viele Tränen sind deinetwegen geflossen? Und wie viele hast du getrocknet? – Hast du von deinem Leben etwas abgegeben, etwas verteilt oder verschenkt? – Wie vieles hast du verteidigt, um was hast du gekämpft? – Wen hast du gestützt, als er strauchelte, wen hast du etwas gelehrt und wem hast du den Weg gezeigt?«
(Janusz Korczak aus *Wenn ich wieder klein bin – die Einsamkeit des Alters*).

Dieser Text ist nicht eine Aufzählung dessen, was wir möglicherweise im Leben versäumt haben. Nein, keine negative Lebensbilanz, sondern eine Aufforderung, das Gewissen zu befragen und Nischen zu entdecken, um auch im Alter über die

Familie hinaus tätig zu sein. Das frühe Rentenalter ist nicht das Alter, um sich mit seinem Hobby zufriedenzugeben. Nur Essen, Trinken, Schlafen und Fernsehen kann es auch nicht sein.

Für Gesellschaft und Kirchen, Vereine und Verbände, Gewerkschaften und Parteien sind Ehrenamtliche unerlässlich – und natürlich auch für Sportvereine. Müssten die so erbrachten Leistungen honoriert werden, könnten diese Organisationen sofort den Konkurs anmelden. Das »Ehrenamt« erklärt sich durch den offiziellen Auftrag, die klar definierte Position, die deutlich umrissene Aufgabe und die Bindung an eine Amtsperiode. »Viel Amt und wenig Ehre«, so machte man früher das Ehrenamt schlecht. Aber Ehrenamtliche haben auf Grund ihrer Unabhängigkeit – die Organisation ist ja schließlich nicht ihr Brotgeber – vielfältige Möglichkeiten, ihre Aufgaben anzugehen. Deshalb hört man gelegentlich die nicht ganz ernst zu nehmende Warnung: »Hütet euch vor alten Männern, sie haben nichts mehr zu verlieren!« Nein, das Ehrenamt macht Spaß und bietet vielfältige Sozialkontakte. Aber wer ein Ehrenamt ausübt, ist kein »Pestalozzi« im Kleinformat, der für die andern den »Dummen« spielt. Was er macht, macht er freiwillig, unentgeltlich und vorbildlich. Das Motiv, um sich um ein Ehrenamt zu bewerben, nennt die französische Schriftstellerin

Simone de Beauvoir (1908-1986): »Wollen wir vermeiden, dass das Alter zu einer spöttischen Parodie unserer früheren Existenz wird, so gibt es nur eine einzige Lösung, nämlich weiterhin Ziele zu verfolgen, die unserem Leben einen Sinn verleihen: das hingebungsvolle Tätigsein für Einzelne, für Gruppen oder für eine Sache.«

Neben dem institutionell geprägten Ehrenamt steht die Freiwilligenarbeit. Wer sich freiwillig engagiert, möchte etwas tun, was zu ihm und seinem persönlichen Lebensentwurf passt. Eine Gruppe oder Gemeinschaft ist ihm so viel wert, wie er in ihr einen Dienst nach seinen Möglichkeiten leisten kann. Statt Geld, spendet er Zeit. Indem er etwas für andere tut, tut er auch etwas für sich. Dabei geht es vorrangig um konkrete, temporäre Projekte und kaum um die Bindung an Institutionen. Die nachstehenden Beispiele zeigen ein paar Möglichkeiten von Freiwilligenarbeit:

- Nachbarschaftshilfe im Krankheitsfall oder bei Abwesenheit: Kinder, Tiere, Haus und Garten
- Not- und Sanitätshilfe im Dorf oder im Haus
- Teilzeitarbeit und Aushilfsdienst in Alten- und Pflegeheimen
- Fahrdienst in Alten- und Pflegeheimen und bei der häuslichen Pflege

- Weitergeben von Wissen und Können durch pensionierte Berufsleute an Jugendliche im Inland und in der Entwicklungsarbeit im Ausland
- Vermitteln von Erfahrungen und Ideen durch Führungskräfte in Rente aus Industrie und Wirtschaft an junge Existenzgründer im In- und Ausland
- Mitarbeit in Museen, sei es in der Aufsicht oder bei der Führung von Gruppen
- Vermitteln von Geschichtswissen aus erster Hand durch Zeitzeugen und Schulen
- Übernahme von Patenschaften für Kinder und Lehrpersonen im In- und Ausland
- Mitarbeit bei Wandervögeln und Pfadfindern, die auf eine gute Altersdurchmischung Wert legen
- Mitarbeit in Mehrgenerationenhäusern (s.a. Kapitel 10)

Niemand kann für sich allein leben. Menschen brauchen Menschen. Zu den Endzeitreden von Jesus gehört die eindrückliche Schilderung des Weltgerichts. Der Richter auf dem Thron teilt die Menschen in zwei Gruppen: Schafe und Böcke. Zu den Schafen auf der rechten Seite sagt er: *»Kommt her! Euch hat mein Vater gesegnet. Nehmt das Reich Gottes in Besitz«* (Matthäus 25,34). Zu den Böcken auf seiner linken Seite sagt er: *»Geht mir* *aus den Augen, ihr Verfluchten, ins ewige Feuer, das für den Teufel und seine Helfer bestimmt ist«* (Matthäus 25,41). Bemerkenswert ist, dass das Urteil gestützt auf das soziale Verhalten der Menschen gefällt wird. Es geht nämlich darum, ob ...

- Hungrige gespeist,
- Durstige getränkt,
- Fremde aufgenommen,
- Nackte gekleidet,
- Kranke und Gefangene besucht werden.

Das Verblüffendste an der Schilderung aber ist, dass sich die Schafe auf der rechten Seite ihres Handelns gar nicht bewusst sind. Ihr Liebeshandeln an den Menschen bezeichnet Jesus als »Gottesdienst«: *»Was ihr getan habt einem von diesen meinen geringsten Brüdern, das habt ihr mir getan«* (Matthäus 25,40). Es macht Sinn, das Tun und Lassen im dritten Lebensalter am Urteil im Weltgericht zu messen. In diesem Licht ist ein Schmarotzerdasein ausgeschlossen. Auch die billige Ausrede, zum alten Eisen zu gehören, sticht nicht. Der St. Galler Soziologe Peter Gross drückt sich so aus: »Eisen festigt nicht nur Beton, sondern auch die Gegenwartsgesellschaft«.

Und die Kirchen und Gemeinden? Wie steht es

mit dem Ehrenamt und der Freiwilligenarbeit in den Kirchen und Freikirchen? Die Gemeinden versäumen es oftmals, das Erfahrungswissen der Alten abzurufen. Man muss diese ansprechen. Viele melden sich nicht von sich aus, sondern wagen es erst dann, eine Aufgabe zu übernehmen, wenn ihnen diese ausdrücklich anvertraut wird. Fakt ist aber auch, dass sich die jungen Alten zu früh aus der Gemeindearbeit zurückziehen. »Jetzt müssen die Jungen dran, ich habe es lange genug gemacht«, ist ein viel gehörter Satz. Das Alter als »Auslaufmodell« zu sehen, unterstützt ein Rückzugsverhalten, das ältere Christen in ihrem geistlichen Wachstum und in der Entfaltung später Gaben hindert. Zugegeben, gefördert wird das Rückzugsverhalten manchmal durch die nicht oder schlecht kommunizierten Erneuerungen und Veränderungen im Gemeindeleben: Musik und Gesang, Rhythmus und Lautstärke, Länge des Lobpreises und der Predigt, Aufmachung der Darsteller auf der Bühne. Auch die Predigtinhalte lassen in den Augen der älteren Semester manchmal zu wünschen übrig. Verhängnisvoll wird es aber dann, wenn sich plötzlich zwei schier unversöhnliche Gemeindekulturen gegenüberstehen. Dann werden nur noch Feindbilder aufgebaut und gepflegt. Ganz schlimm sind verbitterte, zänkische, finster dreinblickende alte Frauen und Männer, denen es niemand mehr recht machen kann.

Weder Rückzug ins Altenteil noch Davonlaufen sind die geeigneten Rezepte. Die Einigelung in die eigenen Positionen führt in die vorzeitige innere Vereinsamung. Die Gemeinde Jesu Christi ist nämlich eine Mehrgenerationengemeinde. In einem ist sie unschlagbar: in der Liebe. Darin müssen die Alten den Jungen vorangehen. Der letzte Vers des letzten Buches im Alten Testament heißt: *»Der soll das Herz der Väter bekehren zu den Söhnen und das Herz der Söhne zu ihren Vätern, auf dass ich nicht komme und das Erdreich mit dem Bann schlage«* (Maleachi 3,24). Neutestamentlich gesehen ist *»Er«* Jesus Christus selbst, der uns in Krippe, Kreuz und Auferstehung seine unbegrenzte Liebe vorgelebt und geschenkt hat. Der Gradmesser der Liebe zu Jesus ist immer die Liebe zum Bruder, sei er jung oder alt.

Wichtig ist das Gebet der Alten in den Anliegen der Jugend oder bei den Anlässen, die von der Jugend gestaltet werden. Hiob hatte sieben Söhne und drei Töchter. Jeder Sohn hatte seinen Wochentag, an dem er seine Geschwister zum Essen einlud. Am Wochenende ließ Hiob seine sämtlichen Kinder holen, heiligte sich für sie und brachte ein Brandopfer. Mit der Begründung: *»Meine Söhne* *könnten gesündigt und Gott abgesagt haben in ihren Herzen«*, (Hiob 1,5). Dann heißt es noch: *»So tat Hiob allezeit.«* Wer für die Jungen anhaltend betet, bekommt eine ganz andere Einstellung zu ihnen, dann legt die Liebe die schwierige Strecke von 20 Zentimetern zurück – vom Kopf zum Herzen.

Deshalb lasst uns die Frage stellen: Wer bin ich für meine Gemeinde?

- ein verbitterter, unzufriedener Alter
- eine dauernd keifende Alte
- ein alter Mann, der allein durch seine Präsenz andern wichtig ist
- ein Alter, der im Denken jung geblieben ist – ein Kundschafter
- eine Alte, die vielen eine Hilfe ist, weil sie wegen ihres feinen Charakters geschätzt wird

In unseren Kirchen und Freikirchen brauchen wir dringend Großväter und Großmütter, die nicht Kraft ihres Amtes, sondern aus dem Sein heraus dienen. Bei denen man abspürt, dass sie sich in das Ebenbild Jesu Christi umgestalten lassen – und der Prozess noch nicht abgeschlossen ist. Die den Gemeindeleitern und Pastoren über die Schulter schauen und sie ermutigen, treu ihre Leiterschaft auszuüben. Ja, solche Großväter und Großmütter müssten wir haben, denn Pädagogen, Kritiker und Schmarotzer gibt es genug.

12. Ankommen – die kostbaren Jahre

»Wir haben jahrhundertelang ausschließlich die Bewegung des Aufbruchs kultiviert und die Kultur des Ankommens vernachlässigt. Mit der Flussmetapher gesprochen: Im Entspringen sind wir stark, im Münden hingegen ziemlich ungeschickt.« So der Philosoph *Peter Sloterdijk* in einem Interview mit der Zeitschrift *Cicero*. Im gleichen Gespräch erinnert er an eine Metapher von *Thomas Hobbes* (1588-1679), »nach der das Leben ein Wettrennen bedeutet: Ständig überholt zu werden ist Unglück, ständig andere zu überholen ist Glück … Für diejenigen hingegen, die im Mündungsgebiet stehen, hören Überholen und Überholtwerden auf ...«

Ankommen heißt loslassen. Gepäck abwerfen. Von der Geburt bis zum letzten Atemzug muss das Loslassen geübt werden. Wenn ein Mensch geboren wird, sind seine Händchen verkrampft. In einem friedvollen Sterben sind sie meist geöffnet. Das Leben festzuhalten ist unmöglich. Wir müssen einmal von allem Abschied nehmen, nur nicht von

Jesus. In seiner Schrift »Loslassen« nennt Reinhold Ruthe einige der Lebensfelder, die es loszulassen gilt: Erwartungen, Sorgen, Kinder, Ehrgeiz, falsche Ziele, Stress und Hektik. Auch Machtansprüche gehören dazu. Es geht darum, Gelassenheit zu entwickeln. Gelassenheit ist nicht Resignation, sondern die Bejahung des Willens Gottes. Von *Bernhard von Clairvaux* (1090-1153) stammt der Satz: »Die Ruhe Gottes macht alles ruhig. Und wer sich in Gottes Ruhe hinablässt, ruht.«

Die zentrale Herausforderung im Alter heißt: **Sein, was man geworden ist.** Und das ohne Selbstmitleid. Das hat zu tun mit der Einsicht, dass es nun so ist, wie es ist. Dadurch, dass wir uns selbst nicht mehr so wichtig zu nehmen brauchen, entstehen Chancen zu neuer Beziehungs- und Liebesfähigkeit. Da, wo früher die Mentalität des »Ich-alles-sofort« im Vordergrund stand, steht nun die Haltung »Du-teilen-weilen«. Das Begehren und das Habenwollen lassen nach und verwandeln sich in ein Gebenwollen – Anzeichen kostbarer Altersreife. So dient die ältere Generation als Nachahmungsmodell, von dem es in Hebräer 13,7 heißt: *»Gedenkt an eure Lehrer, die euch das Wort Gottes gesagt haben; ihr Ende schaut an und folgt ihrem Glauben nach.«* Ankommen ist nicht Stillstand. Auch in der Kultur des Ankommens gilt es,

wachstumsorientiert zu leben, und zwar nach drei Seiten hin:

- **Nach hinten:** Wenn es stimmt, dass Zukunft Herkunft braucht, dann gilt es, sich der Vergangenheit zu stellen. Geschichte ist rückwärtsgewandte Prophetie. Dazu helfen Filme, historische Bücher, Besuch von Museen. »Das alte Auge ist ein ungewöhnliches Auge«, hat jemand gesagt, »es bevorzugt des Sonderbare, Leben voller Geschichten.«

- **Nach unten:** Das ist die Wurzelsuche. Die eigene Geschichte, geistige und geistliche Wurzeln. Der Schweizer Schriftsteller *Gerhard Meier* schrieb: »Ich frage mich, ob man am Ende lebe, um sich erinnern zu können.« In seinem Buch *Ob die Granatbäume blühen* hat er ein Beispiel gegeben. Es ist eine eindrückliche Huldigung für seine verstorbene Frau Dorli. Meier beschreibt tiefsinnig einige Stationen ihres gemeinsamen Lebens. Der dänische Philosoph *Sören Kirkegaard* (1813-1855) weist in diesem Zusammenhang auf die Bedeutung der Wiederholung hin: »Die Wiederholung ist ein geliebtes Weib, dessen man niemals leid wird, denn allein das Neue wird man leid. Des Alten wird man niemals leid ... das Leben ist eine Wiederholung ... dies ist des Lebens Schönheit.«

- **Nach außen:** Die Einigelung in die eigenen vier Wände wirkt lebensverkürzend. Wenn der Gang in den Garten der einzige Ausgang ist, ist das zu wenig. Solange in uns eine Ader lebt, gilt es Beziehungen zu pflegen, Reisen zu unternehmen, zu lesen und sich weiterzubilden. Lebenslanges Lernen ist ein Muss im dritten Lebensalter. Das erhält die graue Hirnmasse lebendig. *Use it or loose it – brauch's oder verlier's!* heißt der Slogan.

Über der Eingangstür zur St. Galler Stiftsbibliothek steht in griechischer Sprache *Seelenapotheke*. Ob alle hier gelagerten Bücher diesem Anspruch gerecht werden, ist ziemlich unwahrscheinlich. Bei einem Buch besteht aber kein Zweifel: der Bibel. Als der Prophet Hesekiel zu seinem Dienst berufen wurde, bekam er den Befehl, eine Schriftrolle in sich hinein zu würgen und damit seinen Bauch zu füllen. Im Nachhinein sagte er: *»Sie war in meinem Mund so süß wie Honig«* (Hesekiel 3,3). Auch der Psalmist berichtet von einer ähnlichen Erfahrung: *»Deine Worte sind süsser als Honig und Honigseim«* (Psalm 19,11). Deshalb empfiehlt Sprüche

24,13: *»Iss Honig mein Sohn, denn er ist gut.«* Nicht das Vielwissen, sondern das Verkosten sättigt. **Evangelische Meditation ist Schriftmeditation.** Die klassische Belegstelle ist Psalm 1,2: Wohl dem, der Lust hat *»am Gesetz des Herrn und sinnt über seinem Gesetz Tag und Nacht!«* Gemeint ist das langsame, besinnliche, wiederholende, betrachtende und bedenkende Meditieren über der Bibel. So wird die Bibel zu einer echten Seelenapotheke. Wer gelernt hat, mit der Bibel zu leben, wird ein schönes und gesegnetes Alter haben.

Zur Kultur des Ankommens gehören auch **Musik und Gesang.** Der Begründer der Herrenhuter Brüdergemeine, *Niklaus Ludwig Graf von Zinzendorf* (1700-1760), schätzte die Singstunde besonders, weil er der Überzeugung war, dass die Wahrheiten der Bibel »durchsungen« werden müssten, um in den Herzen Wurzeln zu fassen. Musik ist mit Gesundheit verwoben. Im englischen Wort *sound* steckt das deutsche Wort ge-sund. Im Klang sein heißt, gesund sein. So wie die Harfentöne des Hirtenknaben David die dunklen Stunden des Königs Saul aufzuhellen vermochten, so kann das bewusste Wahrnehmen von Musik und Liedern heilende Wirkung haben. *Luther* gab der Musik »den ersten Platz nach der Theologie«. Auswendig gelernte Bibelverse und Liedstrophen sind ein unbezahlbarer Schatz auf der letzten Wegstrecke und tragen an das Ufer der ewigen Heimat.

Jemand hat gesagt, Singen sei doppeltes Beten. Aber **Beten** hat durchaus auch seine eigene Bedeutung, die nicht von vielen Worten abhängt. Es gibt das Gebet der Stille, das ein feierliches Stehen und Flehen vor Gott ist. Es bedarf dazu nicht vieler Worte, vielleicht ist es nur ein Satz oder auch nur der Name Jesus, den man mit Anbetung und Liebe ausspricht. So kann man die Hände an der Arbeit haben, den Geist und das Herz aber bei Gott. Es ist eigentlich ein Irrtum, wenn man meint, dass es einen Unterschied geben muss zwischen den Zeiten des Gebets und der übrigen Zeit. Das meint wohl Paulus, wenn er den Thessalonichern schreibt: *»Betet ohne Unterlass!«* (1. Thessalonicher 5,16). Die Macht des Namens Jesu ist groß und unbegrenzt. Heil gibt es nur im Namen Jesu. Vor diesem Namen soll sich jedes Knie beugen. Was immer wir den Vater im Namen Jesu bitten, das wird uns gegeben. Dieses Beten bindet unseren unruhigen Geist an einen Gedanken oder den Gedanken an den Einen – Jesus Christus. Gebet ist Tat, wer betet, ist im höchsten Maß aktiv. Und noch etwas: Von Herzen gebetet, spricht zum Herzen.

Zu einem weiteren Eckpfeiler der Kultur des Ankommens gehört das **Prinzip Dankbarkeit.** Ob dieses Prinzip im Seniorenalter trägt, hängt wesentlich davon ab, welche Ansprüche wir an uns selbst, an die anderen und an das Leben entwickelt haben:

- Was erwarte ich von mir selbst?
- Woher beziehe ich meine Identität?
- Was erwarte ich von den andern?
- Welche Lebenseinstellung habe ich?
- Kann ich damit leben, dass mich andere nicht verstehen oder gar ablehnen?

Wer hohe Ansprüche und Erwartungen hat, erlebt große Enttäuschungen. Dass man aber mit großen Enttäuschungen und Rückschlägen zurechtkommen kann, zeigt uns eindrücklich das Beispiel des von den Nazis hingerichteten *Dietrich Bonhoeffer* (1906-1945). Die Grundlage seiner Dankbarkeit war sein unerschütterliches Vertrauen in Gottes Führung. Wie ein roter Faden durchzieht dieses seine Briefe aus dem Gefängnis: »Ich glaube, dass Gott aus allem, auch dem Bösesten, Gutes entstehen lassen kann und will«, schrieb er. Und an einer andern Stelle: »Ich glaube, dass mir nichts Sinnloses widerfährt und dass es für uns alle gut so ist, wenn es auch unseren Wünschen zuwiderläuft.« Das ist der Weg des Glaubens. Dieser Weg war für Bonhoeffer wesentlich Einübung in die Dankbarkeit. So konnte er schreiben: »Man wird Gott für Geringes dankbar, auch das ist wohl ein Gewinn.« Seine Verlobte forderte er auf: »Gott für das unendlich Viele zu danken, das er gegeben hat und uns noch gibt.« Weil er glaubte, von Gott geführt zu werden, vermochte er für gute und schlechte Erfahrungen dankbar zu sein.

Für manche mag eine solche Haltung abgehoben wirken. Der kommunistische Diktator Stalin (1878-1953) pflegte zu sagen, Dankbarkeit sei eine Hundekrankheit. Allgemeine Erfahrung ist: Nichts ist vergesslicher als Dankbarkeit. Deshalb muss Dankbarkeit eingeübt werden. Im Schulunterricht hieß es: Was nicht dreimal geübt, kann nicht vorausgesetzt werden. Bei Überzeugungen, Einstellungen und Erwartungen braucht es mehr. Es wurde experimentell festgestellt, dass ein neuer Gedanke 21 Tage lang wiederholt werden muss, bevor er dauerhaft im Unterbewusstsein verankert ist. Das Stichwort heißt: Schubumkehr! Umpolen der Gedankenwelt! Aber wie übt man das? Ein paar Hinweise:

- Eine Dankliste erstellen. Mit der Zeit kommen Erlebnisse hinzu, von denen wir glaubten, sie seien nicht gut gewesen.

- Bibeltexte und Danklieder auswendig lernen. Eventuell mit Hilfe von Tonträgern. Auch dann mitsingen, wenn die Stimmbänder scheppern.
- Die Routine meiden. Sich nicht immer an den gleichen Platz hinsetzen. Die Welt immer wieder aus einem anderen Blickwinkel betrachten. Statt der Autobahn andere Straßen benützen ...
- Die Natur neu wahrnehmen. Der grüne Buchenwald, die Vogelstimmen frühmorgens, der kühlende Regen nach einem heißen Tag, die von der untergehenden Sonne bestrahlten Schneeberge, der farbenprächtige Herbst ...
- Essen und Trinken bewusst genießen. *»Ist's nicht besser für den Menschen, dass er esse und trinke und seine Seele guter Dinge sei bei seinem Mühen«* (Prediger 2,24)?
- Am Abend den Tag Revue passieren lassen. Was habe ich Negatives erlebt? Was habe ich Positives erlebt? Wo bin ich schuldig geworden? Den Tag dankbar zurücklegen. Mit einem Bibelvers einschlafen und am Morgen damit aufwachen.

Dankbarkeit kann man einüben. Der Sänger Asaph bringt es auf den Punkt: *»Wer Dank opfert, der preiset mich, und das ist der Weg, dass ich ihm zeige das Heil Gottes«* (Psalm 50,23.)

13. Reifen – die Herausforderung der späteren Jahre

Zum Reifungsprozess gehört das Abschiednehmen vom »jung-dynamisch-lustig«-Syndrom. Nicht Anti-Aging (Altersbekämpfung), sondern Pro-Aging (Altersbejahung) ist angesagt. Altern gehört zum Leben, seiner Dynamik, seiner Fülle. Altern ist ein lebenslanger Prozess. Wir wissen darum, aber glauben es nicht, denn der Lebenswille ist eine starke Kraft. Altern ist normal, nichts Unwürdiges und vor allem keine Provokation. Nicht-alt-werden-Wollen ist ein Zeichen geistlicher Unreife.

Deshalb gilt es, die **menschliche Endlichkeit anzunehmen**. Zu verinnerlichen, dass wir einmal von diesem Leben, das wir so lieben, Abschied nehmen müssen. »Ich war dem Tod nie näher«, sagte *Steve Jobs*, Gründer und Geschäftsführer von Apple, dem Hersteller von Macintosh, iPod und iPhone, nach einer schweren Krebserkrankung, »die Vorstellung, eines Tages tot zu sein, ist das wichtigste Werkzeug, um mir bei den großen Entscheidungen des Lebens zu helfen. Alles, beinahe alles – jede äußere Erwartung, jeder Stolz, jede Furcht vor

Versagen oder Enttäuschung – all das ist angesichts des Todes bedeutungslos. Der Gedanke an den Tod ist das beste Mittel, einer Falle zu entkommen: der Angst, etwas verlieren zu können. Wir sind schon jetzt nackt. Es gibt keinen Grund, nicht seinem Herzen zu folgen.« An einer andern Stelle sagte er im Blick auf die technischen Wunderwerke, die er geschaffen hat: »Diese Dinge verändern die Welt nicht. Das tun sie wirklich nicht. Wir werden geboren, wir sind eine kurze Zeitspanne am Leben, und dann sterben wir. So ist es schon seit einer Ewigkeit, und die Technologie wird, wenn überhaupt, nicht viel daran ändern.«

Der Existenzphilosoph *Martin Heidegger* bezeichnet das menschliche Dasein als »Sein oder Vorlaufen zum Tode«. Mit der Geburt haben wir uns den Tod geholt. Das Wissen um unsere Endlichkeit gehört zum Menschsein. Tiere sehen das Sterben anderer Tiere, aber sie haben kein Bewusstsein für ihre Endlichkeit. Sie können nicht über ihre Endlichkeit lachen. Menschen können es – sofern ihnen das Lachen nicht im Hals stecken bleibt. Der Theologe und Psychiater *Manfred Lütz* sagt: »Wer den Tod verdrängt, verpasst das Leben.« Das Wissen um den Tod kann dem Leben Tiefe geben und Fülle stiften. Für Christen ist der Tod nicht Schlusspunkt, sondern Doppelpunkt. Durch die

Auferstehung Jesu Christi haben sie eine Hoffnung über Tod und Grab hinaus. Hoffnung ist zukunftsgerichteter Glaube. Durch diese Hoffnung kommt die Ewigkeit in die Zeit – und in unser Herz.

Eine besondere Herausforderung der späteren Jahre ist das **Bejahen des Fragmentarischen** (siehe Seite 24: Michelangelos letzte Figur). Irgendwie leben wir mit dem Idealbild und dem mehr oder weniger bewussten Wunsch, am Ende des Lebens müsste sich alles abrunden, lebensmüde und lebenssatt gebe es einen schönen Abschluss der Biographie. Aber unser Leben kann nie perfekt sein; es ist immer etwas Fragmentarisches, Unfertiges.

Der Münchner Komiker *Karl Valentin* ist einmal gebeten worden, am Faschingszug mitzumachen. Er sagte zu und beschloss, sich auf seine eigene Art zu beteiligen. So kamen zuerst die großen Wagen, einer schöner als der andere. Am Ende des Zuges erschien Valentin. Er zog einen klapprigen Leiterwagen hinter sich her. Auf dem Wagen lag ein Haufen Gerümpel und in dem Gerümpel steckte ein Schild, auf dem zu lesen war: Ich bin nicht fertig geworden. Dieses Bild vor Augen müssen wir lernen, das Unfertige anzunehmen: Nicht fertig mit dem Ordnen der Hinterlassenschaft, nicht fertig mit dem Besuchemachen, nicht fertig mit den Einladungen, nicht fertig mit den Briefen, die man noch schreiben wollte … Unser Leben ist ein Torso, aber auch am Torso kann man erkennen, wie das Ganze gedacht und angelegt war.

Johann Wolfgang von Goethe schrieb angesichts des noch unfertigen *Faust*:

»Des Menschen Leben ist ein ähnliches Gedicht:
Es hat wohl Anfang, hat ein Ende,
allein ein Ganzes ist es nicht.«

Unser Leben bleibt immer schmerzlich unfertig, bis Gott uns ans Ziel bringt. Wir sind mehr als unsere Endlichkeit und Unfertigkeit. Lasst uns deshalb die Würde und Anmut des Fragmentarischen entdecken.

Reifen – das ist die wohl größte Herausforderung der späteren Lebensjahre. Zu diesem Prozess gehören: Verarbeiten von Negativ-Erfahrungen, Erfahrungen des Leidens, des Ausgegrenztseins, des stärkeren Angewiesenseins auf andere. Ich kenne Männer – ich gehöre auch dazu – die möchten am liebsten aus ihrer Lieblingstätigkeit, sei's am Schreibtisch oder bei einer andern Beschäftigung, in die Ewigkeit abberufen werden. Sie möchten durch ein langwieriges Sterben nicht andern zur Last fallen müssen. Der Berner Pfarrer und Schriftsteller *Kurt Marti*, hat diesem Wunsch wie folgt Ausdruck verliehen:

wunsch
den jedermann teilt
gebet von gebetslosen auch
dass der tod uns einst treffe
plötzlich und sanft
von einer sekunde zur andern

leichter behender
wie gemsen im fels
liesse sich leben
wüssten wir diesen wunsch
uns gewährt

Der verständliche Wunsch geht wohl für die wenigsten unter uns in Erfüllung. Deshalb gilt es, das Schwierige und Leidvolle geschehen zu lassen. Aber akzeptieren, nicht resignieren. So wie Diamanten nur unter großem Druck entstehen, so reift das Schöne des menschlichen Lebens in der Bedrängnis und in der bewussten Annahme des Leidens.

Auch der Apostel Paulus wusste etwas von diesem Reifen. Aus der Halbgefangenschaft in Rom schrieb er den Philippern: *»Nicht, dass ich's schon ergriffen habe oder schon vollkommen sei; ich jage ihm aber nach, ob ich's wohl ergreifen könnte, weil ich von Christus ergriffen bin ... Ich vergesse, was dahinter ist, und strecke mich aus nach dem, was* *da vorne ist, und jage nach dem vorgesteckten Ziel, dem Siegespreis der himmlischen Berufung Gottes ist Christus Jesus«* (Philipper 3,12-14). Das große Geheimnis heißt: Ergreifen, weil ich von Christus ergriffen bin.

Im *Museum Unterlinden*, im Elsässer Städtchen Colmar, steht der sogenannte *Isenheimer Altar*. Auf der Haupttafel hat der begnadete Künstler Mathias Grünewald die eindrücklichste Kreuzigungsszene gemalt, die ich je gesehen habe. Gebannt blickt man auf den überlangen Zeigefinger des Täufers, der auf den Gekreuzigten weist. Über der Hand, noch im Bild selber, steht auf Lateinisch: *»Er muss wachsen, ich aber muss abnehmen«* (Johannes 3,30). Oder um es mit dem allzu jung verstorbenen *Ludwig Hofacker* auszudrücken: »Lieber wollte ich ein Gaul sein, den man an einem Karren zu Tode schindet, als ein Mensch, der im Tod keinen Heiland hat.« Ein Dasein und Hinsterben in einem herrenlosen Zustand darf keine Option für uns sein. Es geht nicht um ein erfolgreiches, sondern um ein erfülltes Leben. Erfüllt ist es trotz allem Fragmentarischen und Unfertigen dann, wenn wir *den* ergreifen, der uns in seiner für uns unbegreiflichen Liebe ergriffen hat: Jesus Christus.

14. Versöhnt leben

Unsere Vorstellungen vom Alter sind sehr stark von Bildern aus Zeitschriften und Fernsehen geprägt. Da wird der Anschein erweckt, dass es im Alter konfliktfrei zugeht und das Leben nun richtig genossen werden kann. Dies ist aber nur eine Seite der Wirklichkeit. Denn jeder Mensch wird in Lebensumstände hineingestellt, die mit solchen Bildern wenig oder nichts zu tun haben. Das macht dann unzufrieden und hält von der Aufgabe ab, sich der gegenwärtigen Situation zu stellen.

Unzufriedenheit, Ängste und Sorgen werden aber nicht nur von falschen Menschenbildern der Medienwelt genährt. Auch eine unbewältigte Vergangenheit kann Ursache schlafloser Nächte sein. Der Literaturwissenschaftler *C.S. Lewis* (1898-1963) sagt richtig: »Gott flüstert in unseren Freuden, er spricht in unserem Gewissen; in unseren Schmerzen ruft er laut. Sie sind sein Megafon, eine taube Welt aufzuwecken.« Es ist äußerst beschwerlich, das Bett mit »Dämonen der Nacht« teilen zu müssen. Fehler, Probleme und Sünden von früher fordern oft lebenslang ihren Tribut – wenn sie unaufgearbeitet bleiben. Die Frage, der wir uns deshalb zu stellen haben, lautet: Lebe ich versöhnt? Intuitiv wissen wir: Glücklich lebt letztendlich nur, wer sich mit seiner Vergangenheit und seinem gegenwärtigen Los versöhnt hat. Wer versöhnt lebt, kann seine ganze Kraft im Heute einsetzen – bis ins hohe Alter!

Versöhntes Leben entwickelt sich in vier Richtungen:

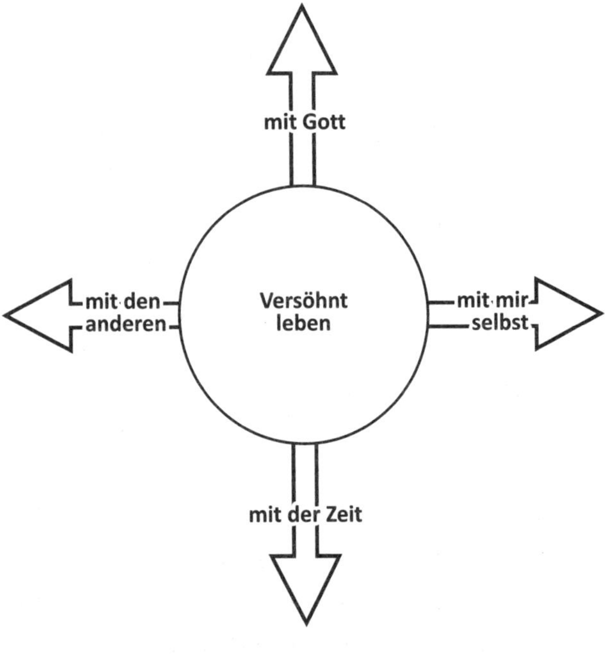

Versöhnung **mit den andern** kann es nur zwischen Personen geben, die einander einmal nahe gestanden haben. Wie beglückend, wenn Zerstrittene den Weg der Versöhnung ehrlich und freiwillig miteinander gehen können – vielleicht sogar ohne Worte, nur mit einer versöhnlichen Geste. Es ist aber oft auch nötig, den Weg der Versöhnung allein zu gehen und Beziehungen einseitig zu bereinigen, loszulassen, oder wenn man damit allein nicht fertig wird, an eine höhere Instanz – Gott – zu delegieren. Freilich, dazu braucht es dann vielleicht seelsorgerliche oder therapeutische Hilfe.

Eltern-Kind-Beziehungen verdienen besonderer Erwähnung. Der amerikanische Autor Philip Yancy beschreibt in seinem Buch *Gnade ist nicht nur ein Wort* das schwierige Verhältnis einer Mutter zu ihrem Sohn: *Ernest Hemingway.* Seine frommen Eltern waren über seinen freizügigen Lebensstil entsetzt. Nach einiger Zeit wollte seine Mutter ihn nicht mehr sehen, kam aber trotzdem nicht von ihm los. Einmal schickte sie ihm zum Geburtstag Kuchen samt dem Revolver, mit dem sein Vater sich in der Depression umgebracht hatte. Ein andermal schrieb sie ihm einen Brief, indem sie erklärte, das Leben einer Mutter sei wie eine Bank: Jedes Kind, das ihr geboren wird, kommt mit einem großen und vielversprechenden Konto zur Welt, das scheinbar unerschöpflich ist. Das Kind, so fährt sie fort, hebt dauernd etwas ab, ohne irgendwelche Einzahlungen zu machen. Später, wenn das Kind heranwächst, ist es seine Verantwortung, den abgehobenen Betrag wieder zu ersetzen. Hemingways Mutter ging sogar noch weiter und beschrieb die besonderen Möglichkeiten, wie ihr Sohn seine »Einzahlungen« machen könnte: Er könnte Blumen, Obst oder Süßigkeiten schicken, heimlich ihre Rechnungen begleichen und vor allem den Entschluss fassen, »endlich seinen Pflichten gegen Gott und unseren Heiland Jesus Christus« nachzukommen. Hemingway hat den Hass gegen seine Mutter und ihren Heiland nie überwunden. Was aber in unserem Zusammenhang erschreckt, ist die gnadenlose Frömmigkeit der Mutter, die weder loszulassen, noch an eine höhere Macht zu delegieren, geschweige denn zu vergeben vermochte.

Sensibel sind auch geschwisterliche Beziehungen. Versöhnt ist, wer den Platz, der ihm in der Geschwisterreihe zugewiesen wurde, akzeptieren kann. Verletzende Erfahrungen mit Lehrern und anderen Autoritätspersonen können jahrelang nachwirken. Da hatte eine Frau einen äußerst sadistischen Lehrer. Jahrelang, bis in die Zeit, als sie schon eine eigene Familie hatte, verfolgte er sie in ihre Träume hinein. Horror! Nach vielen Jahren steht sie unerwartet ihrem früheren Lehrer gegenüber. Spontan bricht es aus ihr hervor: »Von ihnen habe ich jahrelang geträumt!« Verblüfft fragt der Lehrer zurück: »Positiv oder negativ?« Die Frau antwortet: »Negativ, natürlich!« Und dann kam die erlösende Frage: »Hast du mir vergeben?« Die Antwort war ein kurzes »Ja«, und damit hatte der nächtliche Spuk endlich ein Ende.

Nach dem Naturgesetz gibt es keine Vergebung. Es gibt letztlich keine ausgleichende Gerechtigkeit. Vergebung hat immer etwas Ungerechtes, nämlich den Erlass von Schuld. Deshalb lehrt uns Jesus beten: *»Vergib uns unsere Schuld, wie auch wir vergeben unseren Schuldigern.«* Jesus verknüpft die Vergebung Gottes an unsere eigene Vergebungsbereitschaft: *»Wenn ihr aber den Menschen nicht vergebt, so wird euch euer Vater eure Verfehlungen auch nicht vergeben«* (Matthäus 6,15). Vergeben heißt geben, loslassen, auf Gottes Gerechtigkeit trauen, abtragen statt nachtragen.

Versöhnt mit sich selbst. Damit Liebe in die mitmenschlichen Beziehungen einfließen kann, muss ich mit mir selbst im Reinen sein. Ehrlich und tragisch zugleich ist eine Aussage *Kierkegaards*: »Meine Schwermut hat viele Jahre lang bewirkt, dass ich nicht dahin kommen konnte, im tiefsten Sinn zu mir selbst Du zu sagen.« Versöhnung hat mit Selbstannahme zu tun. Wer sich selbst entwertet, verachtet, hasst oder minderwertig fühlt, kann andere nicht lieben. Den zweiten Teil des Doppelgebotes fasst Jesus wie folgt zusammen: *»Du sollst deinen Nächsten lieben wie dich selbst«* (Matthäus 22,37-40). Das Maß der Selbstachtung bestimmt das Maß der Nächstenliebe.

Was verhindert Selbstannahme und Selbstachtung? Vielleicht verletzende Kindheitserfahrungen, aber auch Tatbestände, bei denen ich schuldig geworden bin: Jugendsünden, heimliche Abtreibung, Ehebruch, Diebstahl, Betrug … aber es ist nie etwas herausgekommen. Einmal holt es uns doch ein! Dabei wissen wir: Sünde braucht Sühne. Damit Sühne geschehen kann, braucht es eine Schuldanerkennung, ein Dazustehen und damit ans Licht kommen. Nichts macht uns so einsam wie unsere Geheimnisse. Die Erlösung aus unserer Ich-Bezogenheit kommt von außerhalb, doch sie setzt unsererseits Bewusstwerdung um die eigene Erlösungsbedürftigkeit und eine Offenheit für rettende Gnade voraus. In seinem ersten Brief schreibt Johannes: *»Wenn wir unsere Sünden bekennen, so ist er* (Gott) *treu und gerecht, dass er uns die Sünden vergibt und reinigt uns von aller Ungerechtigkeit«* (1. Johannes 1,9). Unsere Schuld verlässt uns nur über den Mund. Schuldanerkennung ist im

Grunde genommen ein fröhliches Geschäft. Denn in Hebräer 8,12 steht, dass Gott gnädig ist und unsere Sünden aus seinem Gedächtnis verbannt. Es ist nie zu spät, die Vergangenheit zu bereinigen. Nur wer einen gnädigen Gott hat, kann gnädig zu seinen Nächsten sein.

Versöhnt mit Gott. Versöhnung ist wie ein Raum mit mehreren Türen, die gleichzeitig auf- oder zugehen. Eine versöhnte Gottesbeziehung erleichtert die Versöhnung mit sich selbst. Wer mit sich selbst versöhnt ist, besitzt eine höhere Versöhnungsbereitschaft andern Menschen gegenüber. Das Bild, das sich Kinder von Gott machen, ist oft geprägt vom Vorbild der Eltern, insbesondere des Vaters. Deshalb muss man sich fragen, weshalb haben viele Menschen, die vielleicht sogar in einem frommen Elternhaus aufgewachsen sind, einen strafenden, fernen oder schwachen Gott? Warum machen sie ihn verantwortlich für alle Schicksalsschläge, Schwierigkeiten und Nöte, für all das Böse in dieser Welt? Damit wir die wahre Vaterliebe Gottes erfahren können, ist es notwendig, die falschen Gottesbilder zu überwinden. Dabei hilft das Versöhnungsangebot Gottes: *»Denn Gott war in Christus und versöhnte die Welt mit sich selber und rechnete ihnen ihre Sünden nicht zu und hat unter uns aufgerichtet das Wort von der Versöhnung«* (2. Korinther 5,19).

Versöhnen heißt *zudecken, auslöschen, verhüllen.* Jesus erlitt den Tod am Kreuz an unserer Stelle. Er starb für unsere Sünde, unsere Gottferne, unsere Unversöhnlichkeit. Durch Jesus Christus nimmt Gott uns das verdiente Unheil weg und schenkt uns in ihm das vollkommene Heil. *»Er ist um unserer Missetat willen verwundet und um unserer Sünde willen zerschlagen. Die Strafe liegt auf ihm, auf dass wir Frieden hätten und durch seine Wunden* – nicht durch seine Wunder! – *sind wir geheilt«* (Jesaja 53,1). Wer an die erlösende Liebe Gottes glaubt, lebt versöhnt.

Ein Mann Gottes ist zu Fuß auf dem Land zu seiner Gemeinde unterwegs. Da sieht er einen alten Bauern am Straßenrand knien und beten. Beeindruckt sagt der Pastor zu dem Mann: »Sie müssen Gott sehr nahe sein.« Der Bauer schaut auf, überlegt, lächelt und sagt: »Ja, er mag mich sehr.«

Versöhnung mit der Zeit, in der wir leben. Erfindungen, Neuerungen, Veränderungen jagen sich, so dass vielen älteren Menschen Hören und Sehen vergeht. Diese immer kürzer werdenden Zeitsprünge werden im dritten Kapitel des Predigerbuches unter dem Leitwort *»Alles hat seine Zeit«* in Gegensatzpaaren trefflich beschrieben:

geboren werden – sterben
pflanzen – ausreißen
töten – heilen
abbrechen – bauen
weinen – lachen
klagen – tanzen
herzen – aufhören zu herzen
suchen – verlieren
behalten – wegwerfen
schweigen – reden
lieben – hassen
Streit – Friede

Wer ein Ja hat zu der Welt, in der er heute lebt, zu den unwahrscheinlichsten Zeitsprüngen, lebt versöhnt. Solche Menschen hören auf, sich dauernd aufzulehnen, zu kritisieren und alles unter einem negativen Blickwinkel zu betrachten. Mit der Zeit Versöhnte gehen ganz anders auf das zu, was unweigerlich auf sie zukommt: Gebrechlichkeit, Sterben und Tod. Sie vertrauen darauf, dass Gott alles zurechtbringt und es nichts Sinnloses gibt.

Wichtige Ergänzung: Wer um Versöhnung in welcher Richtung auch immer ringt, wird unweigerlich mit der Frage nach echten und falschen Schuldgefühlen konfrontiert. Das ist nämlich zweierlei. Das »falsche Schuldgefühl« entsteht durch Erziehung und Gesellschaft, also durch die Beeinflussung und das Urteil von Menschen. »Echte Schuldgefühle« werden durch biblische Werte und göttliches Urteil hervorgerufen. Der längst verstorbene Schweizer Arzt *Paul Tournier* hat schon früh festgestellt: »Nicht nur die Gesellschaft mit ihren Vorurteilen hindert uns daran, wir selbst zu sein, manchmal sind es auch Glaubensbrüder, so gut gesinnt sie auch sein mögen.« Falsche Schuldgefühle scheinen im Stande zu sein, den echten Schuldzustand Gott und Menschen gegenüber zu verdecken. Viele durch Menschen hervorgerufene Schuldgefühle sind falsche Schuldgefühle. Die einzig wahre Schuld des Menschen besteht darin, von etwas anderem abhängig zu sein, als nur von Gott allein. *»Du sollst keine anderen Götter haben neben mir«*, heißt das erste Gebot. Aber dieses Gebot darf man nicht losgelöst von der Person des Versöhners verstehen. Die persönliche Beziehung zu Jesus Christus befreit von der Last der Gebote und vor allem aus der Abhängigkeit von gesellschaftlichen Normen und Urteilen.

In einer Tagebuchnotiz vom 28. Juni 1776 erklärt der dreiundsiebzigjährige *John Wesley*, woher es kam, dass er immer noch so rüstig war. Er nennt zuerst die »natürlichen« Mittel: fortwährende

Bewegung, Luftveränderung, frühes Aufstehen, jederzeit schlafen können, keine einzige schlaflose Nacht im Leben, geringes Körpergewicht. Und dann fügt er hinzu: »Darf ich zuletzt noch die Gleichmäßigkeit der Gemütsverfassung nennen? Ich habe auch Gefühle und empfinde Schmerzen, aber durch Gottes Gnade zerquäle ich mich durch nichts.« Das ist versöhntes Leben. Wesley hätte sicher auch sagen können: »Ja, er mag mich sehr.«

15. Lebensversicherung fürs Jenseits

In einem hintergründigen Cartoon von Gerhard Glück, wiedergegeben in der *Neuen Zürcher Zeitung Folio* 02/2006, sieht man einen älteren Herrn mit einem ansehnlichen Bauch und zwei kleinen Engelsflügeln, wie er einem nicht mehr ganz jungen Ehepaar Versicherungen anzudrehen versucht. Im Text steht: »Die Kleinkrämers hatten keine Ahnung, dass man Lebensversicherungen auch fürs Jenseits abschließen kann!«

Eine Lebensversicherung fürs Jenseits? Ein Scherz? Ein Muss! Viele glauben, dass Christus für ihre Sünden gestorben ist. Trotzdem fragen sie sich, ob es denn reicht, ob dieser Glaube stark genug ist. Häufig sind es Probleme mit der Heilsgewissheit, die auftauchen, und die Sorge, im Alter nicht mehr die Kraft zu besitzen, den Anfechtungen des Teufels standzuhalten. Kann man überhaupt seinen Platz im Himmel sicher haben? Ja, das kann man! Aber nicht gestützt auf ein moralisch hochstehendes Leben oder auf erbrachte Leistungen und Opfer, sondern allein durch die Gnade des dreieinigen Gottes. *»Die Gabe*

Gottes aber ist das ewige Leben, in Christus Jesus unserem Herrn« (Römer 6,23). Auch im Alter ist Neuwerdung möglich, nämlich dort, wo Gnade und unsere Offenheit zusammenfinden. Einverstanden, dazu gehören die Demut und der Wille, dieses Gnadengeschenk zu akzeptieren. Das ist Glaube! Darüber kann man innerlich zur Ruhe kommen. Unsere Zweifel können wir bei dem abgeben, der gesagt hat: *»Ich bin gekommen, dass sie das Leben und volle Genüge haben sollen«* (Johannes 10,10). In seinen Abschiedsreden versichert Jesus seinen Jüngern: *»In meines Vaters Hause sind viele Wohnungen ... Ich gehe hin euch die Stätte zu bereiten«* (Johannes 14,2). Wenn das nicht genügt, um unsere letzten Zweifel auszuräumen?

Auch wenn wir einmal nicht mehr alles im Griff haben sollten, unbegreifliche Fehler machen, vor Schmerzen die Besinnung verlieren – unser Herr ist größer. Er wird auch solche Kümmernisse zum Guten wenden. Es gibt kaum etwas Schöneres, als einem Menschen zu begegnen, der sein Leben trotz durchlittener Schwierigkeiten und erlittener Verluste an den Verheißungen Gottes festgemacht hat. Der nicht nur alles für Gott gegeben, sondern auch alles aus der gütigen Hand Gottes genommen hat und mit einer lebendigen Hoffnung dem Ende des irdischen Daseins entgegensieht.

»Nichts verwirre dich,
nichts erschrecke dich,
alles geht vorüber,
Gott ändert sich nicht.
Die Geduld erreicht alles.
Wer Gott besitzt, dem mangelt nichts;
Gott allein genügt.«

Diese Notiz bewahrte die Nonne *Teresa von Avila* (1515-1582) auf einem Zettel in ihrem Gebetbuch auf, das sie unmittelbar vor ihrem Tod benutzte. Der Prediger Salomo beschreibt die letzte Wegstrecke des Menschen wie folgt:

»Denk an deinen Schöpfer in deiner Jugend, ehe der silberne Strick zerreißt und die goldene Schale zerbricht und der Eimer zerschellt an der Quelle und das Rad zerbrochen in den Brunnen fällt. Denn der Staub muss wieder zur Erde kommen, wie er gewesen ist, und der Geist wieder zu Gott, der ihn gegeben hat« (Prediger 12,6-7).

Einzigartig sind diese Bilder, mit denen das Sterben geschildert wird. Der Mensch nach Leib, Seele und Geist ist ein kostbares Gut. Das *Oel*, das die Lampe speist und füllt, ist der Geist. Die *Ampel* (*»goldene*

Schale«) ist das Bild für die Seele, die den Geist in sich hat und durch ihn ihre Aufgabe erfüllt. Der *»silberne Strick«*, der sie hält, ist der Leib (nach W. Schlatter: Biblische Menschenkunde). Der *»Eimer, der zerschellt an der Quelle und das Rad, das zerbrochen in den Brunnen fällt«*, könnten Bilder sein für den Blutkreislauf, der zusammenbricht. Was immer im Einzelnen unter diesen Gleichnisworten verstanden werden soll, gewiss ist, dass etwas Kostbares zerbricht, wenn ein Menschenleben aufhört. Immerhin zerbricht der Krug dort, wo er hingehört, an der Quelle – auch wenn es nur noch Scherben sind. Die Quelle des Lebens, das ist unser Schöpfer. Zwar muss der Staub wieder zur Erde kommen, wie er gewesen ist, dieweil der Geist in die ewige Behausung fährt. Mit solchen Bildern wird uns deutlich gemacht, dass der Mensch nicht einfach ins Nichts zerfällt. Die Versicherung fürs Jenseits ist uns garantiert durch die Auferstehung von Jesus Christus.

Zur zweitwichtigsten Lektüre der Menschen im dritten Lebensalter gehört wohl die Tageszeitung. Dabei wird den Todesanzeigen besondere Aufmerksamkeit geschenkt. Neben der Person selbst interessiert ihr Jahrgang – älter oder jünger als ich? – und allenfalls der Leitspruch. Dazu eine Geschichte. Der längst verstorbene Evangelist *Fritz Binde* (1867-

1921) besuchte unter kundiger Führung eine der Katakomben Roms. Diese dienten bekanntlich den ersten Christen in Verfolgungszeiten als Versammlungsräume. Später wurden sie als Begräbnisstätten benutzt. Man schob die Verstorbenen in ausgehauene Nischen. Darunter standen auf Stein- oder Metalltafeln die Namen der Toten. »Plötzlich«, erzählt Binde, »las ich unter den Namen einer da begrabenen Christin die Worte: ›Sie lebte im Heiligen Geist.‹ Und im Nu hieß es in mir: Wenn man das einmal von dir sagen könnte! – ›Er lebte im Heiligen Geist!‹ Oh, musste ich denken, dann wäre ja alles erfüllt, was dein Gott dir hat tun wollen und womit du ihm hast dienen wollen! Im Heiligen Geist leben! Nicht im Ich-Geist! Nicht im Familien-Geist! Nicht im Sekten- und Parteigeist! Nicht in einem gesetzlichen Geist! Nicht im Zeitgeist! Nicht in einem menschlich frommen Geist! Nicht im Geist großer Gottesmänner! Nein: Im Heiligen Geist! Nicht nur vom Heiligen Geist geleitet, gelehrt und zuweilen gestärkt, nein: im Heiligen Geist leben!« Was soll einmal auf unseren Todesanzeigen und Grabsteinen stehen? Er lebte mit der Bibel? Er lebte mit Jesus Christus? Sie lebte in der Kraft des Heiligen Geistes?

Mit dem Sterben nähern wir uns der ewigen Heimat. Es ist ein Ziehen in die oberen Räume, ein Inbesitznehmen der Wohnungen, die von Jesus

Christus vorbereitet worden sind. Wenn Jesus Christus unser Leben ist, dann – nur dann – ist Sterben unser Gewinn (Philipper 1,21). Auf Wunsch des dänischen Philosophen *Sören Kierkegaard* (1812-1855) sollte folgender kleine Vers auf seinen Grabstein geschrieben werden:

»Es ist nur wenig Zeit,
Dann habe ich gewonnen,
Dann ist der ganze Streit
Mit einem Mal verschwunden.
Dann kann ich ruhen mich
Im Rosensaale
Und unablässig
Mit meinem Jesus sprechen.«

Literatur

- James Hillmann, *Vom Sinn des langen Lebens*, Kösel 2001.
- Klaus Bockmühl, *Christliche Lebensführung – eine Ethik der Zehn Gebote*, Brunnen 1999.
- J. Oswald Sanders, *Das Alter, die besten Jahre*, SJD 1999.
- Walter Lüthi, *Der Prediger Salomo lebt das Leben*, Reinhardt 1952.
- Bob Buford, *Halbzeit*, Projektion J 1997.
- Christine Swientek, *Ins wilde, weite Land*, Herder 2007.
- Albert Ziegler, *Leben nach 60*, Bern 2000.
- Manfred Lütz, *Lebenslust*, Knaur 2005.
- Peter Gross, *Die Goldboomer*, gdi impuls 1.05.
- Hannelore Schlaffer, *Das Alter – ein Traum von Jugend*, Suhrkamp 2003.
- Eva Zeltner, *Und plötzlich fühl ich mich alt*, Zytglogge-Verlag 2004.
- Peter Zimmerling, *Evangelische Spiritualität*, Vandenhoeck & Ruprecht 2003.
- Reinhold Ruthe, *Loslassen – Wege zur Gelassenheit*, SCM Hänssler 2007.
- Ulla Schaible, *Dankbar lebt sich's leichter*, Brunnen 2003

- Heiko Hörnicke, *Aufbruch im dritten Lebensalter*, Neufeld Verlag 2006.
- Heinz Rüegger, *Alter(n) als Herausforderung*, Tvz Theologischer Verlag 2009.
- Paul Tournier, *Echtes und falsches Schuldgefühl*, Herder 1967.

Buchempfehlung

Detlef Fleischhammel (Hrsg.)
Hier werde ich gebraucht
Senioren im Dienst für Jesus
Tb., 64 Seiten

Best.-Nr. 273.654
€ (D) 3,90
€ (A) 4,00
SFR 7,70

ISBN 978-3-89436-654-4

14 Senioren berichten über ihren aktiven Un-Ruhestand und wie sie ihre Zeit und Fähigkeiten Jesus zur Verfügung stellen. Die abwechslungsreichen Berichte machen deutlich: Alter muss nicht Abstellgleis bedeuten, sondern birgt ungeahnte Möglichkeiten.

Christliche Verlagsgesellschaft mbH
Kompetent. Profiliert. Engagiert.

Buchempfehlung

M. Paul / M. Merten (Hrsg.)
Da kann man nur staunen
Lebensberichte
Tb., 64 Seiten

Best.-Nr. 273.805
€ (D) 2,50
€ (A) 2,60
SFR 4,80

ISBN 978-3-89436-805-0

Kann man mit 50 nochmal ganz neu anfangen? Und mit 67 oder sogar mit 90? Dass es geht, berichten 12 verschiedene Menschen. In reifen Jahren haben sie eine Kehrtwende erlebt oder erfahren, wie Gott ihnen in den Beschwerden ihres Alters auf besondere Art geholfen hat. Die erstaunlichen und bewegenden Berichte machen Mut, das eigene Leben zu überdenken und einen Neuanfang zu wagen.

Christliche Verlagsgesellschaft mbH
Kompetent. Profiliert. Engagiert.

aktiv sein für Jesus Christus hält jung

Im Arbeitskreis „Senioren für Christus" kommen motivierte Christen zusammen, die in verschiedenen Brüdergemeinden zu Hause sind und das Potiential der älteren Geschwister in unseren Gemeinden für den Einsatz für Jesus Christus fördern wollen.

Der Anteil der älteren Menschen an der Bevölkerung in Deutschland nimmt kontinuierlich zu. Das wird sich auch auf die Struktur unserer Gemeinden auswirken.

Wir unterstützen mit dem Arbeitskreis „Senioren für Christus" die Gemeinde-Mitarbeiter durch Beratung, Fachreferate, Schulungen, Seminare und Austausch über diesen gemeindlichen Arbeitsbereich und geben Anregungen zur praktischen Ausführung vor Ort. Dazu werden regionale und überregionale Seniorenveranstaltungen durchgeführt. Außerdem werden regelmäßige Informationen, Anregungen und Erfahrungsberichte durch geeignete Publikationen und eine eigene Internetseite vermittelt.

Fordern Sie die SfC-Broschüre an, mit der das Anliegen in Gemeinden und Seniorenkreisen bekanntgemacht wird.

Besuchen Sie das überegionale Internet-Angebot von „Senioren für Christus" (SfC) mit vielfältigen Angeboten wie täglicher Bibellese, geistlichem Wort, Seelsorge-Angebot, Rat & Hilfe, Erlebnisberichten, aktuellen Informationen zum Downloaden, Veranstaltungsterminen von speziellen Referaten, Seminaren, Freizeiten, Missions- und Arbeitseinsätzen.

Willkommen auf ***www.senioren-für-christus.de***

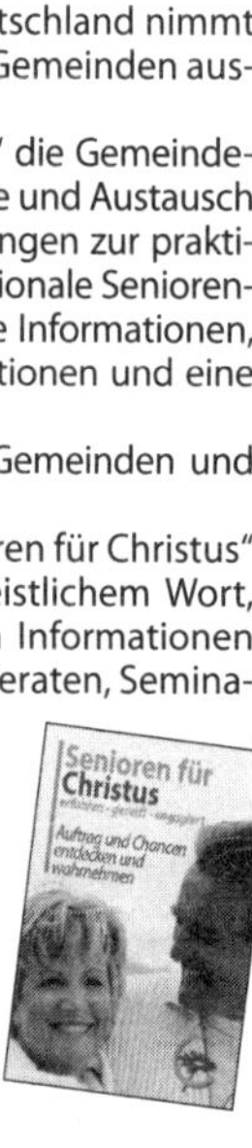

Senioren für Christus

SfC Arbeitskreis Senioren für Christus
der Brüdergemeinden in Deutschland
ein Arbeitszweig des Persis e.V.
Von-der-Tann-Straße 11, 42115 Wuppertal
Fon: 0202 311 619
Fax: 0202 69 50 972
eMail: mutterhaus.persis@t-online.de
Home: **www.senioren-für-christus.de**

Schriftführer:
Siegfried Lambeck, Wolfhagener Str. 27,
42929 Wermelskirchen
Fon: 02196 4856, Fax: 02196 91381
eMail: s.lambeck@christ27.de